信息化背景下的政府采购问题研究

邢明春　著

哈尔滨出版社
HARBIN PUBLISHING HOUSE

图书在版编目（CIP）数据

信息化背景下的政府采购问题研究／邢明春著.
哈尔滨：哈尔滨出版社，2024.10. -- ISBN 978-7
-5484-8213-0

Ⅰ.F812.2
中国国家版本馆 CIP 数据核字第 2024YJ1560 号

书　　名：信息化背景下的政府采购问题研究
XINXIHUA BEIJINGXIA DE ZHENGFU CAIGOU WENTI YANJIU

作　　者：邢明春　著
责任编辑：刘　硕
封面设计：赵庆旸

出版发行：哈尔滨出版社（Harbin Publishing House）
社　　址：哈尔滨市香坊区泰山路 82-9 号　　邮编：150090
经　　销：全国新华书店
印　　刷：北京鑫益晖印刷有限公司
网　　址：www. hrbcbs. com
E - mail：hrbcbs@yeah. net
编辑版权热线：（0451）87900271　87900272
销售热线：（0451）87900202　87900203

开　　本：787mm×1092mm　1/16　印张：10.75　字数：235 千字
版　　次：2024 年 10 月第 1 版
印　　次：2024 年 10 月第 1 次印刷
书　　号：ISBN 978-7-5484-8213-0
定　　价：48.00 元

凡购本社图书发现印装错误，请与本社印制部联系调换。
服务热线：（0451）87900279

前　言

　　政府采购管理信息化，正深刻影响着全球经济发展格局与管理模式，其关键特征表现为信息网络化与经济全球化的深度融合，显著改变了政府的管理和运作方式。这一趋势在政府采购领域尤为明显，信息技术手段与透明的网络环境，不仅有效降低了政府的采购成本，提升了运行效率，而且在促进市场竞争、提高透明度以及防范潜在的不正当行为（如"厂商设租""官员寻租"）方面发挥了重要作用。因此，信息化成为政府采购走向高效、公平与现代化的关键路径。

　　在此背景下，政府采购的改革工作紧密围绕着信息化展开，旨在通过创新机制和技术手段，推进政府采购管理的科学化、规范化与精细化。这一进程中，信息化不仅提升了行政效能，还创造了显著的经济效益与社会价值，展现出其在促进经济健康发展方面的积极作用。

　　本书深入探讨了政府采购与信息化的融合之道，从基础理论到实践应用，全方位剖析了政府采购采购人、模式、方式及其流程。同时，对政府采购信息化的技术支撑、运营架构、内部控制体系构建，以及组织优化、信息化保障体系建设等方面进行了系统研究。本书聚焦于政府采购组织结构的优化升级及其在宏观经济层面的独特职能，从多个维度进行了深入探索与有益尝试。随着政府采购规模在 GDP 总量中的比重持续提高，以及信息化步伐的加速推进，政府采购的潜在功能与国际经济影响力的拓展将持续增强。笔者希望本书为政府采购研究提供宝贵参考，推动这一领域的研究持续创新与发展。

目 录

第一章
政府采购与信息化的基本理论

第一节　政府采购基本理论

一、政府采购概述

（一）政府采购的概念分析

1. 采购的概念

政府采购，作为一种特殊的采购形式，根植于社会发展的土壤之中，其意义不仅在于商品与服务的交换，更是在现代社会中承担着提升效率、保障公平、推动经济发展的重任。要全面理解政府采购，首先需从采购的基本含义谈起。采购，作为人类社会经济活动的产物，自私有制形成之初便伴随其诞生，历经数千年演化至今，其内涵和外延已远远超出简单的商品购买行为。

在不断演变的历史长河中，人们对采购的认知经历了由浅入深、由单一到多元的转变。尤其是在资本主义自由竞争时代，采购行为频繁且规律化，它不仅是日常经营活动的基础，也是企业战略决策的重要组成部分。采购不仅是一种实操性极强的行动，更蕴含着艺术性的考量与策划，体现在如何通过合理的制度设计、有效的流程控制，以最小的成本获取最大的价值，从而促进企业乃至整个社会的经济活力。

随着全球化进程的加速和市场竞争的加剧，采购的概念已被赋予了更深层次的含义。它不仅被视为企业内部的一项专业职能，更是连接市场、影响决策、促进经济增长的关键环节。采购不再仅限于成本控制，而是一个创造价值的过程，通过对资源的合理配置、供应链的优化整合，为企业带来竞争优势。不仅如此，采购还超越了国界限制，成为全球范围内的经济活动，体现了开放合作、资源共享的价值取向。

政府采购作为采购形式的一种，其内涵丰富、外延广阔。它既是物质资源的获取途径，也是现代企业管理的智慧体现，更是驱动社会经济持续发展的力量之一。在当前全球经济一体化的趋势下，政府采购的角色愈发显得重要和复杂，要求管理者具备全球化视野、专业化技能，以及高度的协作精神，以适应快速变化的市场环境，实现经济效益与社会责任的双重目标。

2. 政府采购的概念

在过去，由于翻译和表述方式的差异，我们曾使用的一些名词与"政府采购"在实质内容上具有相似性，尽管它们在具体定义和应用范围上可能有所不同。直到近年来，"政府采购"这一概念逐渐成为一种更为规范和被广泛接受的说法。相比之下，与之相近的概念还有"公共采购"。

公共采购的范畴通常比政府采购更为广泛，它不仅涵盖了中央政府及其多个部门和机构、地方政府，还包括国有化企业，甚至有时还涉及社会保障基金等领域。相对于"政府采购"这一表述，"公共采购"在范围上的界定更为宏观。

值得注意的是，"政府"一词在特定语境中可能显得相对狭窄，它主要指的是国家机关及其管理机构，通常不包括那些由政府组建、资助但并非隶属于政府管理机构的企业、社会保障基金以及大量半自治组织。然而，从国外的政府采购制度来看，政府采购的主体往往不仅限于政府部门自身，还包括那些直接或间接受到政府控制的企业、事业单位等。这表明，在实际操作层面，"政府采购"与"公共采购"的概念可以视为大致相同，甚至可以互换使用。

《中华人民共和国政府采购法》（以下简称《政府采购法》）对此有明确的规定，它指出政府采购是指各级国家机关、事业单位和团体组织，在使用财政性资金时，采购被列入集中采购目录之内的货物、工程和服务，或者是采购金额超过规定限额标准的货物、工程和服务的行为。这项法律旨在规范和指导政府的采购活动，确保公共资源的有效利用和透明度。

政府采购，作为一国政府及其所属机构，以及所有直接或间接受政府控制的企事业单位执行其政府职能和追求公共利益的工具，是使用公共资金获取货物、工程和服务的过程。它不仅是社会集团购买的重要组成部分，涵盖商品与劳务购买，而且是全球多数国家强化公共开支管理的有效策略，同时也是政府实施宏观调控的重要手段之一。

政府采购的精髓在于将财政支出管理与市场运作机制相结合，通过采用商业管理模式来优化政府公共支出的管理。这一过程不仅提升了财政资金的使用效率，同时也促进了经济的健康发展和资源的有效配置，是国际上普遍采纳的一种先进的公共财政管理体系。通过规范化的采购程序，政府采购不仅确保了财政资金的合理运用，还增强了政府决策的透明度与公众参与度，有效预防了腐败现象，提高了公共政策执行的效能。总之，政府采购体现了政府在资源分配与市场运行之间的平衡，是一种旨在提高财政效益、促进社会公平与经济发展的重要政策工具。

（二）政府采购的特点

1. 公共性

政府采购的公共性主要体现在以下几个关键方面：

一是政府采购的目的性，其本质是服务于社会公众的公共需求，通过采购公共物品和公共服务来确保政府及其相关部门的有效运行，实现社会整体福祉的提升，这种活动在公共财政功能上展现出高度的公共性质。

二是政府采购的主体特性，即其参与者的公共身份。政府采购涉及的主要主体包括国家机关、事业单位、社会团体及其他执行公共职能的机构，这些主体的存在是为了履行公共服务和社会管理责任，服务于公众利益而非个人或私人利益。

三是政府采购资金的来源和使用方式，其资金主要源自政府财政拨款和公共借贷，最终由纳税人承担。这一过程体现了公共资金的使用原则，即通过财政性资金的投入，为公共利益提供支持和服务，确保公共资源得到合理有效的配置。

综上所述，政府采购无论在目的设定、主体角色以及资金管理与运用上，都深深植根于公共性的理念之中，其活动旨在促进社会整体发展，保障公共利益的最大化。

2. 调节性

政府采购作为国家经济调控工具，对一国经济发展起到关键作用。其规模庞大且涉及领域广泛，因此，对于资源分配和经济活动具有直接而显著的影响。政府采购不仅弥补了市场配置资源的局限，还通过干预经济总量与结构，实现了经济的宏观调控。

通过制订公共采购计划，政府能够在一定程度上引导经济方向，保护和发展民族工业。对鼓励和支持的产业，政府可通过增加对相关产品或服务的采购量，给予财政支持与政策倾斜，从而推动产业发展壮大，促进经济结构和产业结构的优化升级。反之，对于限制发展的产业，政府则会适当缩减采购规模，通过市场机制间接制约该产业的增长，以达到调整经济结构和促进产业升级的目的。

总之，政府采购作为一种重要的经济调控手段，通过精准规划和实施，能够有效促进国家经济的整体发展，同时，通过市场与政策的双重力量，实现产业结构和经济结构的优化调整。

3. 管理性

政府采购因其公共管理特性，在全球范围内受到高度重视，各国均构建了完备的法律体系和条例来规范这一行为，确保其运行在法治框架内。政府采购活动始终在法律与管理规则的严格约束下进行，它不仅涵盖实际的购买操作，更包括采购策略、流程、执行以及管理等全面的公共采购管理体系。政府采购实际上是对公共采购过程进行系统化、规范化管理的一种制度设计，旨在通过合法、透明的操作，高效实现公共利益。

4. 公开性

政府采购之所以被称为"阳光采购"，是因为其全过程公开透明。公开性是政府采购的核心，没有公开便无公正，也就无法实现真正的公平。从法律条款到具体程序，再到执行过程，政府采购的每一步都面向公众开放，所有采购行动都有明确记录，信息全部公开。在政府采购中，"公平"是至关重要的理念之一，它通过公开机制得以实现。比如，在采用公开招标方式进行采购时，应当平等邀请符合条件的企业参与，并确保投标评审标准一致，避免任何形式的企业歧视。这一系列措施确保了每个参与者都能在相同的条件下竞争，促进了公平竞争的环境的形成。

5. 竞争性

政府采购基于其本质特性，强调了市场机制中的竞争原则。在这个过程中，不存在固定的供应商，每一方供应商都享有平等地位，不允许存在任何垄断现象。竞争作为市场经济的基石，亦是政府采购运作的核心逻辑，它促使资源得到有效配置，实现了效益的最大化。

通过竞争，能够做出最优的选择，确保采购单位获取物超所值的产品或服务，从而达到提高财政资金使用效率的目标。竞争机制激发了供应商之间的竞争，不仅有利于防范贪腐行为的发生，也推动了整个行业的健康发展。在竞争的激励下，供应商为了争取订单，必须不断提升产品品质与服务水平，进而促进政府采购整体水准的提升。

二、政府采购的职能

（一）行政管理职能

公共行政管理的核心职责在于确保公共行政权力的有效行使。政府采购，作为一种关键的政府行为，涉及对公共资源的分配和利用，这必然需要遵循特定的规范和法律框架。然而，由于政府权力的广泛性和相对强势地位，如果不加以恰当的监管，政府采购过程就容易偏离其正确轨道，可能触犯相关规则和标准。

为了确保政府行为的高效、廉洁和经济性，世界各国普遍通过制定政府采购法来规范政府采购活动。这种立法的主要目标是提高政府在采购过程中的行政效能，减少行政成本，并建立起一个高效、清廉的政府组织架构。政府采购法作为规范市场行为的重要法律工具，通过明确列举可为、不可为的行为界限，以及应当如何执行操作，为参与政府采购的主体提供了清晰的行为指引。这一做法有助于参与者预见并适应政府采购活动中的各种规则和期望，从而在制度层面体现政府采购的管理职能。

政府采购制度自古以来就有其行政管理职能，其初始目的是维护统治秩序，但随着时间的推移，其内涵逐渐丰富，尤其是现代社会更注重政府采购的托管人角色和提供公共服务的功能。随着其经济与社会作用日益受到关注，政府采购不仅仅是政治工具，更是经济管理和公共服务供给的重要手段。因此，对政府采购制度的行政管理职能的理解和应用，应不仅仅停留在传统的政治目的上，而是要更加深入地探索其在经济发展、资源配置和社会福利保障等方面的作用。

（二）竞争政策职能

在市场经济的环境中，立法的任务是追求社会整体利益的最大化，其中经济法的实施旨在平衡市场主体间的自由竞争与政府对市场的宏观调控。政府采购作为经济法体系中的关键环节，它通过结合"看不见的手"（市场机制）与"看得见的手"（政府干预）这两种力量，旨在实现公平与效率的双重目标。

政府采购的政策功能主要体现在通过其运作，促进市场的公平竞争，同时也发挥着市场资源配置的基础性作用。具体而言，这种政策职能体现在以下几个方面：

促进公平竞争：政府采购通过设立透明、公正的招标程序，为所有符合条件的供应商提供了平等参与的机会，从而避免了市场中的不正当竞争，保护了市场竞争的公平性。

优化资源配置：在市场经济条件下，政府采购能够根据市场需求、技术进步和经济发展的趋势，合理配置公共资源，有效引导生产要素流向最能产生经济效益的领域，促进资源的合理使用和效率提升。

维护市场秩序：通过制定严格的采购规则和程序，政府采购能够有效防止市场中的垄断行为和不公平交易，保持市场秩序的稳定，为各类经济活动提供良好的外部环境。

实现社会公共利益：政府采购不仅考虑经济效益，还关注社会公共利益的实现，如支持地方经济发展、促进创新、保障民生等，体现了经济法服务于社会整体利益的价值取向。

综上所述，政府采购制度在市场经济环境下扮演着不可或缺的角色，其竞争政策职能通过结合市场化与政府调控的力量，不仅促进了市场的公平竞争，还有效提升了资源配置效率，最终服务于社会的整体利益最大化。

（三）宏观调控职能

政府采购政策在经济体系中扮演了重要角色，与其他经济政策紧密交织，共同推动政府实现经济目标。通过构建政府采购体系，可以有效地调节社会总体供需平衡、调整产业结构与产品结构，稳定物价，以及体现政府的特定政策意图，从而促进经济协调发展。

首先，通过统一的政府采购制度，政府能够调节社会总供求关系，维持宏观经济的平稳运行。政府根据经济状况，适时地通过增加或减少采购规模，以影响社会总需求，进而控制厂商的商品和服务供给量，以此达到调节社会总供需平衡的目的。经济过热或通胀压力大时，政府可能缩减采购规模，降低市场总需求；而当经济疲软或失业率上升时，加大采购力度，刺激市场需求增长。

其次，政府采购制度有助于优化产业结构和产品结构。在市场经济中，企业决策驱动了产业结构的形成，但政府可以通过政府采购政策引导产业转型。政府在采购计划中偏向于符合产业政策和技术经济政策的行业，比如新兴产业或关键技术项目，通过增加采购比例，既直接投入资金支持，又在社会层面形成示范效应，激励相关产业发展。相反，对于需要限制或压缩的产业，政府则可通过减少采购来实现调控目标。

再次，政府采购在宏观层面上展现其价格调控能力。其规模效应可以对市场价格产生影响，政府通过竞争性采购策略，压低采购价格，进而对同类商品乃至整体价格水平产生稳定效果。政府还可以通过选择合适的采购时机和数量，实施价格调控措施。

最后，政府采购还能体现政府的政策意图，推动特定的社会经济目标。政府在制定采购政策时，会考虑对高技术含量产品、环保产品或就业吸纳能力强的企业的倾斜，从而明确传达政府的支持态度，推动相关产业发展。

综上所述，政府采购制度不仅在财政管理和经济调控中发挥关键作用，而且在强

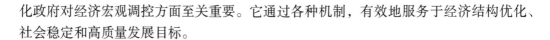

化政府对经济宏观调控方面至关重要。它通过各种机制，有效地服务于经济结构优化、社会稳定和高质量发展目标。

三、政府采购的目标

（一）经济性与有效性目标

政府采购资金使用的根本目标是确保纳税人付出的每一份资金都发挥出最大效用，达到资金使用经济性和有效性双重考量的结果。在这一目标下，政府在运用公共资源时需承担起对公众的高度责任，力求每一分钱都能精准投入并产生显著效果。为此，政府采购必须严格遵循市场规则，并巧妙运用竞争机制，科学评估采购资金的现金流成本与预期收益，追求经济性原则。

经济性的核心在于物超所值。政府在采购活动中，应鼓励市场竞争，通过这一机制，确保财政资金得到最大化的效益产出。然而，值得注意的是，"成本效益最大化"并非仅仅关注短期成本与收益的简单比较。在这里，"成本"概念被扩展为包括物品在整个有效使用期内的所有费用，即寿命周期成本，而非仅限于当前交易的价格。政府采购的目标便是在保障物品品质、价格合理性的同时，实现寿命周期成本最低、效益最大的平衡。

有效性则聚焦于采购流程本身的效率和结果的实现。这意味着，在保证采购物品质优价廉的基础上，还必须重视采购的执行效率。具体而言，这包括在合同约定的时间内高效完成采购任务，确保采购物品能够及时满足实际使用需求。通过上述两个维度的综合考量，政府采购旨在实现资金使用的高效能与高质量同步提升，最大化公共利益。

（二）国内政策目标

1. 调整产业结构

随着科技的持续进步和新能源的兴起，为了追求资源配置的帕累托最优状态——即每种资源都能发挥最大效能，各种产业间的资源分配必然需要重新整合。这种资源再配置的动态调整，自然会促使产业市场份额发生相应变化，以适应增强或减少特定产业对资源吸收能力的需求。在此背景下，政府作为市场调节的重要力量，可以通过政府采购这一关键支出手段，有效地推动这种资源再配置的过程。

政府在面对产业结构的变动时，扮演着至关重要的角色。它需要准确判断哪些产业的规模应当扩大，哪些则应缩减。针对那些政府决定要支持发展的产业，政府可以增加对该产业产品的采购数量，从而扩大该产业的市场份额。这种政策导向激励了相关商家扩大生产规模，进一步促进产业增长和资源的高效利用。

相反，对于政府计划控制的产业，通过减少对其产品的采购，可以抑制市场过热，避免资源过度集中于某几个领域，导致其他产业因资源短缺而受阻。这种有选择性的政府采购策略，旨在通过市场的微调，促进不同产业间的健康竞争和发展，最终导向帕累托最优的产业结构。这样不仅能够实现资源的优化配置，还能促进经济的整体健康发展，提高社会福利水平。

2. 促进政府官员廉洁

建立并推行政府采购制度，能显著提升采购流程的透明度，有效根除分散采购阶段的腐败问题，进而助力我国廉政建设的推进。政府采购的核心原则在于公开、公正与公平，通常通过公开招标的方式，确保多主体之间的公平竞争，并严格遵循一套标准化的采购流程。在过去法制体系尚不健全或不完善的市场环境下，部分企业往往采取诸如宴请、赠送礼品乃至更为隐蔽的给予回扣等手段，试图从政府官员手中获取优惠条件，导致分散采购过程中出现了寻租和设租行为，这不仅破坏了正常的市场秩序，也严重损害了政府形象。

实施政府采购后，形成了一套全面的监督机制，包括财政部门、审计机构、供应商以及社会公众的广泛参与，确保财政资金直接由财政部门拨付至供应商手中，极大地减少了分散采购环节中可能发生的寻租行为。此举不仅增强了财政资金使用的透明性和规范性，还有效预防了腐败现象的发生，有力推动了廉政建设的进程，维护了市场的公平正义，提升了政府的公信力。

3. 控制价格，稳定物价

在元封元年，即公元前110年，汉武帝采纳桑弘羊的建议，全面推行均输平准政策，这是利用政府采购进行宏观调控的早期尝试。该政策的核心思想是通过政府在商品价格变动时的购买与销售行为，来调节市场供需，从而影响价格。具体而言，当市场商品价格下跌时，政府买入商品以减少市场供给，从而促使价格上涨；而当市场价格高涨时，政府则卖出储备商品，增加市场供给，进而使价格回落。这样，政府就能依据经济发展不同阶段的需要，灵活运用政府采购策略，实现对价格的有效控制与物价的稳定，体现了古代中国政府在经济管理方面具备的智慧与前瞻性。

4. 促进就业

政府采购在促进就业方面有两种策略：

第一种为间接方式，它主要通过经济活动的链条效应发挥作用。劳动力被视为一种关键经济资源，其流动趋势受到各产业需求的驱动。政府通过大规模采购，能够提振特定行业或特定类型企业的生产活动。这种生产活动的增加会自然带动对人力资源的需求增长，从而间接促进就业。

第二种则是直接方式，它更侧重于规范和激励。这种策略通常体现在政府采购过程中的资格审查和合同条件上。例如，政府在招标时设定标准，禁止涉及性别或残疾歧视的企业参与竞争。获得合同的供应商，则可能被要求在合同中纳入保障雇用一定数量的特定群体（如女性、残疾人）的条款。通过这些直接措施，政府采购不仅支持经济活动，还强化了社会责任，促进了公平就业。

5. 环境保护

在经济发展的过程中，环境问题变得日益突出，作为国家政策制定者的政府不得不面对并解决产品所带来的外部性问题。与此形成鲜明对比的是，私人采购通常不涉及此类考量，因为在微观经济层面上，消费者或企业并未承担其购买行为对社会及环境产生的负面影响。

然而，政府通过实施集中采购战略，具备了一定的能力来引导市场向更环保的方向发展。借助这一平台，政府能够直接与生产商对接，并在采购合同中明确规定环保标准和技术要求。对于那些未能达到相关环保技术标准的生产商，政府有权拒绝采购其产品。通过这样的机制，政府不仅能够有效地控制市场供应，还能激发生产商采取更加绿色的技术方案，从而减少产品生产过程中对环境的损害，推动整个社会向可持续发展转型。

6. 加强对国有资产的管理

在进行政府采购之前，采购部门需要向财政部门提交详细的购买申请，内容涵盖所需物品的名称、具体数量等关键信息。此步骤被形象地称为"买前立项"，旨在预先规划和评估采购需求，确保资金使用合理、高效。待采购完成并投入使用后，需执行"买后备案"程序，详细记录采购过程、物品接收、分配使用情况以及任何相关的后续变动，这有助于财政部门全面掌握和管理国有资产。

为了促进资产管理的透明度和效率，财政部门鼓励采购部门在申请下一轮购买或设备更新时，详述上一次采购物品的处理情况。此举不仅能有效监督国有资产的利用状况，防止资源的不当消耗、闲置或流失，还能激励采购部门优化采购策略，提高资源利用效率。通过建立这种闭环管理机制，可以确保国有资产得到妥善管理和持续优化利用，为实现公共利益最大化奠定坚实基础。

（三）国外政策目标

1. 保护民族产业

虽然自由贸易是当今世界经济发展的主流，但实际上许多国家都通过立法，强制性地要求政府在一般情况下优先购买本国产品，以实现保护民族产业的目标。

2. 促进国际贸易

政府通过加入国际性或区域性经济组织的政府采购协议，为中国企业打开了一扇进入国际市场的便捷之门。这不仅降低了企业从国外进口原材料的成本，而且为企业拓展国际市场提供了机会，使其能够直接参与国际政府采购活动，扩大出口份额，进而促进国家的国际贸易发展。

这一举措要求中国企业在面对即将开放的全球政府采购市场时做好充分准备。首先，企业应熟悉国际贸易规则和惯例，提升自身在全球市场上的竞争能力。其次，产品质量是决定企业在国际舞台上竞争力的关键因素之一，企业应不断提升产品品质，以适应更高标准的国际市场要求，增强自身的国际竞争力。

综上所述，加入国际政府采购协议为企业提供了宝贵的发展机遇，企业应积极响应，通过提升内外部能力，充分利用这些机遇，推动自身和国家经济的长远发展。

第二节　信息化与政府采购的融合

一、信息化的概念与内涵

信息化是全面应用信息技术，形成信息经济并构建信息社会和谐秩序的综合表述。随着信息跨越时空障碍，深入融入生产、流通、消费等各个环节，它重塑了传统运作方式、管理策略及生产结构，对全球产业布局与资源分配产生深远影响，推动经济全球化步伐加快，并为政府采购在更大范围内优化资源配置开拓了新视野。

信息化的推进，使得信息成为驱动经济社会发展的核心要素，它改变了原有的行为模式、管理流程和生产体系，促进了产业结构的转型升级与资源配置效率的提升。在这样的背景下，政府采购不再局限于本地或区域市场，而是迈向全球化的舞台，寻求更广阔的资源配置空间，以实现更高效率的资源分配和利用，从而促进经济增长与社会进步。

（一）信息化的概念

信息化是社会经济从依赖物质和能量的主导转向以信息为核心，知识为动力，并与物质、能量相结合的新型发展模式。这一过程伴随着智能工具如计算机技术的革新与发展，旨在推动社会进步和经济转型。在政府采购领域，信息化的应用主要体现在电子政务与电子商务两个层面。电子政务侧重于政府内部基于电子信息技术的行政事务处理，而电子商务则关注政府与企业间通过网络进行的商业活动。当前阶段的国际政府采购信息化应用聚焦于电子化政府采购阶段，即在确保网络安全认证的前提下，采用网络采购、交易支付等操作。

电子化政府采购的核心在于构建专门的采购管理系统，通过自动化流程替代传统手工操作，包括电子认证、专家及供应商数据库管理、合同签订、监控、信息公告、采购文件交互、远程开标评标、电子招标、电子合同签订、电子支付等功能。这一系列转变显著降低了管理成本，缩短了准备时间，提升了采购效率，增强了决策准确性，同时也强化了统计分析能力。

从监督管理角度来看，电子化政府采购实现了采购全过程的公开透明，降低了错误率，减少了人为干预，便于实施全方位监督。电子化政府采购是信息化政府采购演进的起点，标志着从传统人工操作向数字化、网络化、智能化的转型。

（二）信息化的内涵

信息化的过程实质上是一种信息驱动的社会系统的自组织过程。这一过程可以用广义突变论来深入解读，该理论指出，当支持系统循环的均匀介质中出现一种全新的"相"时，即产生了对称性的打破，系统循环的过程将因此丧失结构稳定性，从而引发突变。

随着信息化的推进与网络经济的诞生，构成生产力的因素日益丰富，信息开始占据主导地位，这不仅提升了生产力的整体水平，也以六种方式展现出了其对经济社会的影响：

1. 劳动力的数字化转型

信息成为劳动力的核心要素，新型的信息劳动者迅速崛起并大量涌现。劳动力对信息的依赖度空前提高，催生出专门的信息处理能力，这不仅改变了传统的工作形式，还创造了大量新型就业机会。

2. 智能工具的普及

劳动工具向网络化、智能化方向发展，信息网络本身也成为重要的工具。云计算、大数据、人工智能等技术的应用，不仅提高了工作效率，也扩展了工作范畴，使得工具的功能性和实用性得到了前所未有的提升。

3. 生产要素的多样化

数据、信息和知识成为不可或缺的生产要素，极大地丰富了生产力的内涵。数据资产的管理和应用成为新的经济增长点，信息和知识的使用效率提升，促进了资源的有效配置。

4. 科技的渗透力加强

科技在经济和社会领域的渗透作用显著增强，科技革新成为驱动生产力增长的重要力量。新技术的引入不仅提升了生产效率，也促进了产业结构的升级和新兴产业的兴起。

5. 管理的现代化

管理在促进生产力发展中的作用更为突出，信息全面融入网络化的业务流程中。信息不仅是管理的基础，也是实现高效管理的关键。管理的数字化、智能化推动了企业运营模式的变革，增强了企业的市场竞争力。

6. 信息与知识的协同效应

信息与知识作为特殊的生产力要素，通过影响其他要素（如劳动者、劳动工具），促进了生产力的深层次变革。通过这些要素的有序化整合和总体性协调，形成了强大的创新驱动力量，推动生产力实现快速发展。

综上所述，信息化可以被看作由计算机网络和信息技术这一新"相"的引入所引发的社会信息循环过程的重大结构变化，进而导致社会物质循环和能量循环的伴随性演化，形成的一种复杂的社会自组织演化过程。与之相应，在信息化初期形成的工业、农业等传统产业，作为原有维度社会系统空间内的稳定循环，与信息化作为与原空间正交的新维度空间同时出现，二者在社会进化的不同阶段叠加并相互作用。信息化的渗透使得原有产业的生产和发展模式发生了根本性转变，使之能够在更高的维度空间内与信息化深度融合，实现快速且高效的创新发展。

二、信息化与政府采购融合的要素分析

从具体形态看，信息技术带来的突变效应反映在信息化给政府采购带来了充足的

信息资源，通过充分利用这些资源，并将它们有效作用于政府采购的实现要素，实现信息化与政府采购的融合，这是提高政府采购效率，带动政府公共服务品质大幅提升的重要途径。

（一）实现要素

信息化作为当今社会发展的核心驱动力，正深刻地改变着世界的生产方式、生活方式及经济社会结构，信息资源已成为与能源、材料并列的战略性资源。信息化的关键在于广泛渗透至人类及社会活动的各个层面，引发本质性变化与飞跃。将信息化融入政府采购的主体、资金、市场、规则及物流等多个环节，使得传统的物理采购环境得以转型，演化为基于实体环境但依托信息互联，高效运转的新型采购系统。

具体而言，在采购主体层面，信息化革新了传统思维模式，催生出网络化交易理念，不仅促进了适应电子商务时代所需技能的发展，也孕育出一批精通信息技术的高素质政府采购专业人才。在资金管理上，信息化催生了电子支付、网络银行等创新概念，借助电子认证技术确保了政府采购资金流动的安全性，同时在虚拟经济背景下开辟了资金增值的新路径。在市场层面，信息化构建了跨部门协作的政府采购平台，打造了全球采购市场，实现了供应商、采购目录的电子化管理与动态更新，所有采购信息、招投标信息及供应商资料均在互联网上公开透明，全面贯彻政府采购的公平、公正、公开原则。在规则制定方面，信息化支持下诞生了一系列如《中华人民共和国电子签名法》等的法规，为政府采购的网络化操作提供了坚实法制保障。最后，在物流环节，信息化引入电子物流、数字物流等先进理念与操作模式，极大地扩展了采购链条，优化资源配置，降低了成本，显著提升了整体采购效率。

综上所述，信息化在政府采购领域的深度应用，不仅极大地推动了政府采购流程的现代化与高效化，更为促进经济社会的可持续发展贡献了重要力量。

（二）融合分析

信息化的特性使得时空限制成为过去，推动全球经济一体化进程，为政府采购打开了在全球范围内高效配置资源的广阔舞台。在这样的背景下，合理运用信息资源对于政府采购尤为重要。信息化与政府采购的结合，不仅扩展了政府采购活动的地理边界，同时也加快了产品类型的技术升级步伐。

在这一过程中，信息化在政府采购的五大关键环节中发挥了重要作用，构建了复杂而系统的联系，使得政府采购能够更加有效地与外部环境互动，追求经济收益的最大化。在实现这一目标的过程中，政府采购的本质在于提高其运作的效率、效益和效用，进而提升政府公共服务的质量。

信息化与政府采购的融合更体现在信息的流通使人的决策与行动紧密相连。信息，作为一种被整理、筛选、整合和加工后的数据产物，蕴含了人们对客观规律的认知和知识积累的结晶。在实际采购活动中，人们不能直接依赖信息，而是需要对其内涵进行深入理解，并在此基础上，综合利用各种信息的整合价值，根据具体情况有目的地发挥信息的效用。对信息的理解是人们利用信息指导实践活动的基础，是实现从数据向知识转变的关键步骤。

政府采购体系的扩展确实带来了一种从简单到复杂的转变，这种演变体现了政府采购的进阶与进步。面对复杂的系统，处理难度确实增加，不仅因为系统本身的复杂性，还因为在系统内及系统间存在诸多需要协调和平衡的关系。在进行决策或者规划时，不仅要关注系统的整体性，还要考量各部分之间的交互与影响。

为了应对这一挑战，信息化成为关键工具。它能够帮助我们从纷繁的信息中提炼出关键数据，区分事实与假象，合理地调整和优化各种关系，确保系统的稳定运行。通过信息化手段，我们可以实现对系统的动态监控与适时调整，使系统在运行过程中展现出良好的协调性和自我秩序性，这正是一个成熟系统的特征。

当一个系统能够在运行中展现出和谐有序的状态时，它便达到了一种高度的均衡状态，具备了自我调节的能力。这一状态不仅是信息化与政府采购深度整合和高效运行的显著标志，也是系统发展到一定阶段的重要里程碑。它代表着系统管理的高水准，预示着未来更进一步的发展与潜力。

三、信息化在政府采购中的功能

随着计算机和网络技术的发展，信息化从根本上解决了传统采购方式难以克服的时间和空间问题，使采购活动更加方便、灵活、快捷，缩短了采购周期，降低了采购成本，提高了采购效率，同时也成为政府采购的最佳手段，为实现政府采购目标提供了有效的技术保障。

（一）实现政府采购"三公"原则

政府采购因其在宏观经济调控中的角色，其实施需遵循公开、公平、公正的原则，相较于一般商品采购而言，更加注重规范性与透明度。通过信息化技术的应用，政府采购制度得到了优化，业务流程得到了重塑，使得整个采购过程更加高效有序。借助计算机网络的强大功能，采购活动拥有了全球化视野，不仅大幅度扩展了供应商的选择范围，使采购人员能够在海量资源中筛选最优供应商，同时供应商也能通过网络获取准确的采购需求信息，促进公平竞争。

网络平台上的实时信息公开机制，极大地提升了政府采购的透明度，有效减少了信息不对称导致的寻租现象，维护了市场的公平正义。通过统一的标准采购文件，中小企业得以平等参与，增强了市场的包容性和竞争力，营造了健康的社会环境。总的来说，信息化在政府采购领域的应用，不仅提升了效率，而且强化了监管，促进了市场活力，为构建现代、高效的公共采购体系奠定了坚实基础。

（二）规范政府采购行为

信息不对称导致的问题主要包括逆向选择与道德风险，这无疑要求设计有效的激励机制来鼓励所有参与方充分展示信息，并接受政府的监督，以防中标者隐瞒关键信息或改变行为，从而损害公共利益。在这个过程中，信息化提供了关键的支持机制。具体而言，通过在投标系统中收集并整合所有投标方提供的信息，实现信息的集中化管理，再结合跨部门采购业务协同系统的资源共享功能，能够对这些信息的真实性进行核查验证。进一步地，通过分析、整理、汇总各类信息，建立起全面的数据库管理系统，加强了对采购流程的控制，最大限度地减少了人为干预的可能性。

借助标准化的信息技术将合同相关条款融入契约体系之中，借助技术的刚性约束力，规范了政府采购的行为，有效降低了道德风险发生的概率。这一举措不仅确保了采购过程的公开、公平、透明，同时也为防范潜在的不当行为提供了坚实的制度保障。通过这样的机制，信息化为解决信息不对称问题，推动政府采购制度的现代化进程，做出了重要贡献。

（三）提高政府采购效率，降低采购成本

信息化对政府采购领域产生了深远影响，不仅打破了传统的地理和时间限制，还通过多种方式优化了整个流程，提高了效率，降低了成本。

首先，信息化革新了信息交流模式，使得采购双方能够通过互联网进行实时沟通，大大加快了信息传递的速度，提高了信息交换的效率。这种实时性的交流方式不仅减少了传统纸质文件的使用，降低了采购过程中的信息处理和营销成本，同时也有助于快速响应市场变化和需求调整。

其次，信息化促进了采购流程的扁平化，减少了不必要的中间环节。在传统模式下，采购活动可能涉及多个层级的审批和协调，而信息化则能够通过自动化流程和直接连接的平台，有效缩短决策链，降低因地理和时间差异而上升的成本。

再次，信息化显著降低了结算成本。通过电子货币和网络决算系统的应用，远程汇款成为可能，不仅简化了支付流程，减少了人工操作，还能避免传统银行转账的手续费，提升了资金流转的效率。

最后，信息化在物流配送领域的创新也为降低成本开辟了新路径。网络环境下发展起来的数字物流，构建了一个虚拟的高效率物流网络。通过优化物流资源的配置和运输方式，实现了物流的合理化，确保了货物在实际流动过程中的效率最大化、成本最小化、距离最短化、流量最大化、时间最优化。这种模式的实施，极大地提升了供应链的整体运作效能，是信息化在政府采购中发挥的重要作用之一。

（四）加强政府采购监管，减少腐败

在信息不对称的情况下，自由裁量权和寻租机会的存在，无疑促使采购人与供应商形成了潜在的合谋。这种合谋的隐蔽性极高，往往不易被发现，尤其是在没有先进技术辅助的情况下。随着政府采购规模的持续扩大，及其在国家宏观调控体系中的角色日益重要，高效管理及有效监督变得更为迫切。

信息化技术的最大优势在于增强了信息的对称性，而互联网的开放特性则推动了政府采购活动的透明度不断提升。这一变革在很大程度上提升了腐败的成本，使得政

府采购逐步走向了"阳光下的采购"时代。此外，网络的共享特性使得对各类信息数据资源进行客观、及时、全面统计和分析成为可能。政府采购监管部门能够系统地追踪采购过程的每一个环节，这不仅便于实施有效的管理与监督，也为建立科学的财政管理和决策体系提供了有力的支持与依据。

综上所述，信息化不仅促进了信息的公开与透明，还通过提升监管效率与决策科学性，为遏制腐败、实现公正透明的政府采购奠定了坚实基础。

四、信息化对政府采购价值尺度的影响与作用

政府采购是一个面对政府宏观调控的多目标选择行为，需要借助科学的价值判断方法来确保其决策的正确性。

（一）政府采购价值尺度概念的提出

政府采购是一个复杂的动态过程，其效果受到多重因素的影响，如目标设定、执行环境等。对于不同类型的采购活动（如公共用品和工程项目），优化资源配置、追求性价比是核心目标。因此，需根据具体的政府采购目标、任务和环境条件，灵活调整对质量、数量、价格、用途、时间、售后服务等关键要素的重视程度，即赋予相应的权重。

为了更好地衡量和指导这一过程，本文提出"政府采购价值尺度"的概念。政府采购价值尺度是指，在变化的采购背景下，根据政府的需求，对采购标的物的多个属性（如质量、数量、价格、使用范围、交付时间及售后支持等）进行综合评估与排序，并基于这些属性的权重来制定和执行采购策略的方法。这种尺度不仅帮助决策者量化不同价值元素的重要性，还为合理规划采购流程、确保资源高效分配提供了一套标准化、可操作的框架。通过这样的价值尺度，能够在保证采购结果符合政府目标的同时，最大化资源利用效率和整体效益，从而实现更高质量、更具成本效益的政府采购。

（二）信息化对政府采购价值尺度的影响与作用

政府采购因其涉及广泛的领域、复杂的技术要求以及受到的国际贸易障碍与竞争影响，已成为一个高度专业化、实现最佳目标困难重重、流程方案多样且运行极其复杂的产业。作为国家宏观调控意图的重要体现，政府采购不仅备受各国政府的高度重视，而且日渐成为全球贸易活动的关注热点与竞争焦点。

面对社会环境的信息化趋势和不断提升的公众期待，提升政府采购整体水平的关键途径在于通过信息化全面改造其传统的运行模式、制度管理和技术应用，使之成为一种动态、系统性的优化工程。这一过程中，信息化对政府采购的价值尺度产生了深远影响与积极作用，主要体现在以下几个方面：

1. 提高运行效率

信息化能显著提升政府采购的执行速度，减少从需求识别到实际采购之间的滞后，尤其是在应对突发事件时，高效响应是政府采购存在的核心价值所在。此外，信息化

还能通过流程自动化和数据驱动决策等方式，降低人工成本与错误率，显著提高整体运行效率。

2. 提高经济效益

政府采购作为经济活动，追求效益最大化是其核心目标。信息化通过优化资源配置、降低交易成本、增加透明度等方式，提高了采购活动的经济效益。在有限的预算内，高效的信息化手段能产生更多的采购成果，直接转化为更多、更优质的公共服务输出。

3. 提升采购物效用

采购物效用是政府采购的最终目标，它涉及商品的质量、性能、交付时间、配送与后续维护等多个环节。信息化通过精准的信息匹配与供应链优化，确保了采购物的质量与性能符合标准，同时提高了交付与配送的效率，减少了潜在的故障与维修成本，从而极大地提升了采购物的效用。尤其是对于应急采购，有效利用信息化手段能确保在关键时刻快速、准确地提供所需物资，直接影响到救灾救援的效果，凸显了信息化在政府采购中的关键作用。

综上所述，信息化对政府采购的改造与提升，通过信息引导优化采购路径，不仅为政府采购的高效、经济与高质量发展提供了强有力的支持，也标志着政府采购向现代化、智能化方向的跨越发展。

第三节　政府采购与经济发展

一、政府采购与宏观经济

（一）政府采购在宏观经济中的多目标选择

政府采购，指的是政府对货物、工程和服务的购买活动，包括但不限于机关公用品、公共项目工程所需的费用。这是一种实质性的支出，包含商品与劳务的交易过程，因此直接构成社会需求与购买力的一部分，也是国民收入的组成要素之一。因此，政府采购支出在决定国民收入规模方面扮演着重要角色，并直接影响社会总需求的变动。

从微观角度来看，政府采购被视为一种利用公共资金购买公共产品与服务的交易活动，实质上是对政府采购组织功能的研究。这种研究集中于两个核心方面：社会成本节约功能与制度生产和运行功能。

在社会成本节约方面，组织通过专业化的分工、产业规模的优势、管理成本的降低以及信息的共享，展现出相较于市场交易成本更低的效能。有效的组织结构能够实现资源的最优配置，从而在产出效能上取得显著提升。而制度生产的方面，则体现为组织在供给与需求动态中扮演的关键角色：通过调节供需的平衡，确保制度的高效运行和执行一致性。制度的权威性和执行力对于维持社会秩序、规范与有效运行至关重要。

宏观层面下，政府采购不仅是政府财政支出的表现，也作为经济投入与消费的重要一环，对经济与社会活动产生深远影响。在经济活动总量较低时，政府通过增加购买支出（如建设基础设施）来刺激社会需求，促进经济增长；反之，面对过高的经济总支出时，减少购买支出则有助于抑制通货膨胀。凯恩斯理论指出，市场的内在不均衡会导致持续性失业和经济停滞，这需要国家介入，通过调整消费和投资来实现经济稳定与增长。

政府在经济活动中扮演着至关重要的角色，其首要责任在于把握经济运动的整体方向，并通过提供服务来激发和优化微观经济单位的活动，确保市场机能够高效运转。特别是在市场机能受阻，或是小微企业面临投资动力不足的情况下，政府必须采取有力的宏观调控措施，以弥补市场力量的短板，维护市场均衡，进而保障社会经济的稳定发展。政府采购因其规模庞大，成为政府执行财政政策、注入市场资金的关键手段。

探讨政府开支与经济增长之间的联系，我们发现政府采购对经济的影响路径包括但不限于以下几个方面：

1. 资源配置

政府采购可能会直接缩减整体经济的投资总量，这一过程取决于采购的具体内容与规模。

2. 总需求创造

增加采购开支，能够刺激生产能力的利用效率提升。若此需求的增长并未导致过度通货膨胀，则提高了现有资本存量的利用率，有助于提高利润率和经济增长率。

3. 资源动员

当政府采购削减了对社会经济的直接支出时，往往会激发私人部门增加消费，同时导致储蓄率下降。

4. 挤出效应

随着政府采购的增加，政府的财政支出可能因资金有限而被压缩，从而影响政府行动的全面性和效率。

5. 开放经济效应

通过政府采购增加进口，有可能减少企业的进口需求，从而影响国际贸易动态。

6. 部门扩张

政府部门整体的扩大，往往难以带来生产率的增长，相对的扩张可能抑制经济增长率。

7. 衍生影响

政府采购能为落后地区提供重要支持，通过公共服务和基础设施建设等方式，产生积极的外部效应，这些影响在理论评估中被认为是关键的促进因素。

在面对这样复杂多维的决策问题时，政府采购计划的制订成为一项系统性的挑战。考虑到政策目标往往包含多个维度，多目标决策方法成为政府采购决策过程中不可或缺的工具。通过综合考量不同的政策目标,如经济增长、就业、收入分配等,确保各项决策在追求经济增长的同时,还能兼顾其他社会福祉目标,以实现经济和社会的和谐发展。

(二) 政府采购对宏观经济的拉动效应

政府采购在国民经济中扮演着关键的消费角色,其影响力深远,能有效推动国民经济的运动与发展。具体而言,当国民经济遭遇低谷,市场需求萎缩,消费动力不足时,政府会迅速采取积极的财政与货币政策措施。这些措施包括发行国债以增加政府公共财政的支出力度,同时,通过调整金融政策,如降低储蓄利率、减少存款准备金率以及灵活运用公开市场操作等手段,来增强市场的货币流动性,从而激发消费者的购买欲望,促进消费市场的回暖。

此外,政府还积极倡导并鼓励民间资本的投入,通过扩大投资规模与提升消费能力,双管齐下,共同为经济复苏注入强劲动力。在这个过程中,政府采购作为财政支出的重要组成部分,其资金流出如同财政政策的"加速器",直接促进了国民经济的增长。因此,政府采购不仅是财政政策的生动实践,更是推动国民经济持续健康发展的重要力量。

政府采购对经济增长的"拉动效应"展现出了多样化的路径,这些路径共同编织成推动经济全面增长的网络。

首先,遵循传统经济增长模型,政府采购通过直接增加产品需求,促进产量的提升,进而带动国民生产总值或国民收入的增加。这一过程不仅积累了资本,还以此为纽带,激发了更广泛的经济活动,形成了经济全面增长的良性循环。政府采购对初级产品的采购尤为显著地体现了这一路径,它们的消费行为迅速转化为产值和资本积累,为后续的生产投资提供了坚实的支撑。

其次,依据新古典学派经济理论,政府采购在采购技术含量较高的产品时,通过提升人力资本的产出效率,实现了产值的增长。这种增长不仅推动了资本的进一步积累,还激发了新的生产投资,为经济增长注入了新的动力。然而,新古典经济增长理论中的资本边际生产力递减规律,也限制了这一路径下"拉动效应"的无限扩展,使得经济增长在达到一定阶段后趋于平稳。

最后,新经济增长理论为政府采购的"拉动效应"提供了更为广阔的视野。该理论认为,通过产品生产积累形成的技术进步投资,能够打破资本边际生产力递减的束缚,使资本生产力上限不再为零。政府采购高新技术产品时,不仅为企业带来了丰厚的利润,还促进了企业的技术创新和内涵提升,这种双赢的局面使得政府采购成为推动经济高质量增长的重要力量。

政府采购在国民经济宏观调控中发挥着举足轻重的角色,其影响力深远且多面。当经济运行遭遇过热或过冷的极端情况时,政府能够灵活地调整财政性开支的规模,借助政府采购这一市场交易手段,精准地调控经济运动的矢量。这一过程中,政府采购不仅独立发挥作用,还与其他财政政策和货币政策紧密配合,共同对经济发展实施抑制或加速的调控策略。

然而，在利用采购资金注入方式参与宏观调控时，我们必须保持高度的警觉与谨慎。因为经济系统具有复杂的反馈机制，任何调控措施都可能引发连锁反应，产生乘数和加速效应。为避免调控过度导致经济波动加剧，即出现矫枉过正的现象，我们必须精心设计与实施调控策略，确保其在达到预期效果的同时，保持经济的平稳运行。

为此，强化信息技术的支撑作用显得尤为重要。信息技术不仅能够提高政府采购的透明度和效率，还能为宏观调控提供及时、准确的信息反馈。通过构建高效的信息系统，我们可以实时监测经济运行的各项指标，快速捕捉市场变化的信号，从而为政府采购的决策提供科学依据。同时，信息技术还能帮助我们更好地预测和评估调控措施的效果，为政策调整提供有力支持。

（三）政府采购对宏观经济的挤出效应

政府采购，作为政府财政支出的重要组成部分，其资金来源深深植根于税收对公共财政的滋养。这一公共支出行为，在经济学视野下，不仅承载着资源配置与公共服务的重任，还不可避免地与"挤出效应"这一复杂经济现象紧密相连。挤出效应，简而言之，即政府财政支出的增加可能间接抑制或替代了私人部门的经济活动，从而在总量上保持经济活动的相对稳定，但内部结构与效率却可能因此发生微妙变化。

深入剖析政府采购的挤出效应，其多维度影响不容忽视：

总量层面的挤出效应：当政府采购规模扩张，特别是通过财政赤字融资时，这一行为往往伴随着政府储蓄的减少，进而可能拉低国民整体储蓄率。储蓄是投资与经济增长的源泉，其减少无疑会对长期经济增长潜力构成挑战。此外，财政赤字的累积还可能加剧债务负担，影响政府财政的可持续性。

预算结构层面的挤出效应：政府采购资金的分配并非孤立存在，它必须与政府的整体预算规划相协调。若政府采购开支挤占了原本用于教育、健康等人力资本投资领域的资金，将直接影响到未来劳动力的素质与创新能力，这对于经济增长的内生动力构成了长远威胁。毕竟，人力资本是推动经济社会持续进步的关键因素。

国际贸易层面的挤出效应：在全球化的背景下，政府采购的国际化趋势日益显著。然而，政府采购中的进口倾向可能削弱国内企业的市场竞争力，特别是当进口商品替代了原本可由国内企业生产的同类产品时，这种挤出效应尤为明显。此外，政府采购的进口偏好还可能减少外国直接投资（FDI）的流入，因为外资企业可能担心其产品在政府采购市场中的竞争力受到不利影响。

政府采购的挤出效应还体现在对人力资本配置的影响上。若政府采购项目大量依赖技术劳动力，可能导致其他经济部门面临人力资本短缺的问题，进而抑制这些部门的创新与发展。这种机会成本的损失，是政府采购在追求效率与效益时不得不权衡的。

综上所述，政府采购的挤出效应提醒我们，在规划与实施政府采购政策时，必须秉持均衡发展的理念，充分考虑其与经济体系中各相关关系的相互影响。既要注重短期目标的实现，也要兼顾长期发展的可持续性；既要关注政府采购的直接效益，也要评估其可能带来的间接成本与负面影响。唯有如此，才能实现政府采购在促进经济增长、优化资源配置、提升公共服务水平等方面的综合效益最大化。

二、政府采购与产业关联

（一）政府采购在国民经济产业中的分工

采购业，作为国民经济各产业的先导与纽带，紧密贯穿于产业生产链的始终。市场配置资源的过程中，需求方发起产品需求，供给方响应并协商价格等条款，最终通过合同确立双方权利、义务与责任。采购行为作为需求方的核心动作，确保了生产原材料与配套件的供给，是产业生产链顺畅运行的基石。若无采购，生产将成无源之水，产业链条难以维系，生产活动势必停滞。

供给方则通过经营行为，依据供货合同启动生产流程，包括原料采购、生产制造直至产品交付，这一系列动作构成了企业生产的完整循环。产业间的供需互动，正是通过采购业的市场购买行为，实现了从上游至下游的价值传递，构建了国民经济产业间错综复杂的关联网络。

采购业，这一横跨国民经济各领域的行业，不仅承载着传递需求、价格与科技信息的重任，更作为每个产业生产链的前端，确保了生产原料的有效供给。因此，政府采购在产业分工与生产链中的角色与功能，对国民经济的稳健发展具有不可估量的价值。

（二）政府采购与国民经济产业链

采购业在国民经济中展现出独特的横宽纵短形态，这种描述虽为相对概念，却不影响其作为独立产业关系的实质。从横向视角审视，采购业广泛涉足各行各业；而从纵向维度剖析，它则构成了一个完整的产业链条。该链条囊括了计划受理、方案制定、合同签订、生产监理、质量检验、库存集结、货物整理、包装加工、装卸运输、实物交割、货款结算、使用培训、维修服务及信息反馈等多个关键环节。尽管不同采购项目可能无需遍历所有节点，如工程项目可能侧重于计划、方案、合同、质检、交割、结算与反馈，服务项目则可能聚焦于计划、方案、合同、监理、质检、结算与反馈，但一个全面的货物采购流程理应从首节点贯穿至末节点，体现了采购业内在产业链条的完整性。这一过程所需的时间周期与多节点协作，进一步印证了采购业自身产业链的存在。政府采购业作为采购业的特殊形式，全面覆盖了采购业的各项特性与链条节点，展现了与一般采购相同的复杂性与系统性。

三、政府采购与区域经济

（一）政府采购的本位性与区域经济

政府采购的本位性深刻体现于其实现政策目标的过程中，即利用财政性资金，遵循《政府采购法》的规定，通过采购货物、工程和服务，不仅满足政府自身需求，更发挥着宏观调控的杠杆作用。作为宏观财政政策的重要工具，政府采购能够巧妙地通过分配采购合同及研发经费，引导资金流向与资源配置，特别是向不发达地区倾斜，以政府购买力为引擎，激活这些地区的经济活力，扩大其商品与劳务的市场份额，进而促进区域经济的均衡发展。这一策略不仅是发达国家扶持区域经济产业发展的惯常手段，也是我国当前区域发展战略中的关键一环。

经济区域作为内部相互关联、具有鲜明经济特征的地理单元，其构建旨在优化资源配置，促进区域间合理分工与协作。通过强化中心城市的辐射作用，构建高效便捷的交通网络，实现基础设施的共享，经济区域为区域经济一体化奠定了基础。同时，它引导基础产业与重大项目依据经济区域布局，避免了资源浪费与重复建设，促进了空间开发秩序的合理化。在我国，基于自然条件与经济发展实际，已逐步形成了七大跨省经济区域，这些区域以城市群为轴心，依托交通干线，通过产业关联紧密相连，共同构成了国家经济体系的重要支撑。

然而，经济区域的形成与发展并非毫无挑战。信息、物流的不对称，加之人才、资金、技术资源的区域集聚差异，导致了经济发展的非均衡现象，政府采购在促进区域均衡发展中的贡献率也因此呈现出显著差异。公共品生产基地的东移，特别是信息产业等高科技产业沿海集中，进一步加剧了区域经济的不平衡。产业结构成长的复杂性与多样性，加之区域间经济水平差距的扩大及体制转换中的遗留问题，使得我国区域开发面临诸多挑战，既制约了经济的全面健康发展，也对政府采购的宏观布局与调控效能提出了更高要求。

因此，在推进政府采购与区域经济协同发展的过程中，需更加注重政策的精准性与灵活性，强化信息交流与物流体系建设，促进资源要素的自由流动与优化配置。同时，应加大对不发达地区的政策扶持与资金投入，激发其内生发展动力，缩小区域间的发展差距，实现更加均衡、可持续的经济增长。

（二）适应政府采购需求的区域经济结构优化

为适应政府采购的多元化需求，区域经济结构必须精心构建，确保其在多个维度上达到高度契合。首先，区域经济结构需紧密贴合经济发展对区域分工的内在要求，促进产业结构的协调、稳定与可持续发展，为社会的全面进步奠定坚实的经济基础。这意味着在产业布局上，既要强化区域间的优势互补，又要确保经济活动的整体协同，以支撑社会的长期稳定发展。

其次，区域经济结构必须积极响应公共产品生产布局的需求，特别是要聚焦于推动自主创新的高新技术领域，为政府提供高质量的公共服务产品。这要求区域在资源配置上向研发创新倾斜，打造高新技术产业的孵化器和加速器，以满足政府日益增长的对高新技术产品的采购需求，进而提升公共服务的效率与品质。

再次，面对突发事件，区域经济结构应具备快速响应和有效供给的能力，成为国家应急保障体系的重要支柱。这意味着在产业布局中，应充分考虑应急物资的生产与储备，确保在危机时刻能够迅速调集所需资源，为国家安全和社会稳定提供坚实的物质保障。

在区域经济产业结构的演变与优化过程中，需特别强调协调性、稳定性和系统性。产业配置顺序的协调性是关键，既要遵循市场导向的产业结构演变规律，又要充分利用信息化带来的跨越式发展机遇，通过政府采购等政策手段，引导市场优先发展现代信息服务业等新兴产业，同时注重基础工业和重加工业的均衡发展，避免产业顺序的盲目跨越导致的区域间发展差距扩大。

产业结构转换的稳定性同样不容忽视。在转换过程中，应注重产业链条的完整性和结构关系的协调性，避免过度倾斜于某一产业而忽视其他产业的协同发展，造成经济结构的失衡。政府采购在此过程中应发挥积极作用，通过合理的政策引导和支持，促进产业结构的平稳过渡和升级。

最后，结构变动元素的同步性也是区域经济结构优化的重要方面。在区域经济成长过程中，应确保产值和劳动力在不同产业间的有序流动和合理配置，保持产值结构与就业结构的同步性变化。这有助于减少结构调整过程中的摩擦和成本，促进产业结构的平衡转换和优化升级，为政府采购的产业布局和结构优化提供有力支撑。

（三）政府采购的区域经济分工

在构建适应政府采购需求的区域经济结构时，我们需综合考虑多方面因素，以确保其既能满足经济发展的长远规划，又能灵活应对各种挑战。首先，区域经济结构需与区域分工深度融合，形成协调、稳定且具有发展潜力的产业结构，这不仅是区域经济协调发展的基石，也是为社会发展提供坚实经济保障的必要条件。通过优化产业布局，强化区域间的经济联系与合作，我们可以促进资源的高效配置，推动区域经济的整体繁荣。

其次，针对公共产品的生产布局，区域经济结构应聚焦于自主创新与高新技术领域的发展。这意味着我们需要加大对科研创新的投入，鼓励企业开展技术研发，提升产品的技术含量与附加值。政府采购在此过程中扮演着重要角色，通过优先采购具有自主知识产权的高新技术产品，可以有效激发企业的创新活力，推动公共产品供给质量的提升。

此外，面对突发事件，区域经济结构还须具备强大的应急响应能力。这要求我们在产业布局中充分考虑应急物资的生产与储备，确保在危急时刻能够迅速调集资源，保障国家安全与社会稳定。通过政府采购与区域经济的紧密结合，我们可以建立起一套完善的应急物资保障体系，为政府应对突发事件提供有力支持。

在区域经济产业结构的演变与优化过程中，我们需特别关注三个核心要素：协调性、稳定性和系统性。产业配置顺序的协调性要求我们遵循市场规律与信息化发展趋势，通过政府采购等政策手段引导市场优先发展具有战略意义的新兴产业，同时注重基础产业与传统产业的均衡发展，避免产业顺序的盲目跨越导致的区域发展失衡。

产业结构转换的稳定性则强调在转换过程中应保持结构关系的平衡与协调，避免因过度倾斜于某一产业而忽视其他产业的协同发展而造成的经济波动。政府采购应发挥其在资源配置中的引导作用，通过合理的政策设计与实施，促进产业结构的平稳过渡与升级。

最后，结构变动元素的同步性要求我们在区域经济成长过程中保持产值与劳动力在不同产业间的有序流动与合理配置。通过优化就业结构，提高劳动力在不同产业间的转移效率，我们可以促进产业结构的平衡转换与优化升级，为政府采购提供更加精准有效的产业布局与结构优化建议。这将有助于减少结构调整过程中的摩擦与成本，确保区域经济在发展过程中保持稳健与可持续。

第二章

政府采购采购人、模式与方式

第一节　政府采购采购人

一、政府采购采购人

（一）政府采购采购人的概念与特征

1. 采购人法律界定的特殊性

采购人特指依法执行政府采购的国家机关、事业单位及团体组织，它们依据《中华人民共和国民法典》享有完全的民事行为能力，自成立之日起便自然拥有法人资格，无需另行办理法人登记手续。这类采购主体在法律地位上，既显著区别于以营利为目的的一般企业法人，也不同于个体自然人，其独特的法律身份确保了政府采购活动的规范性与公信力。

2. 采购人的公共权力性

采购人，作为依法执行政府采购职责的国家机关、事业单位及团体组织，其采购行为深刻影响着公共资金的合理调配与公共利益的切实维护，这一过程中不可避免地融入了公共权力的行使。鉴于此，传统的民法自治与合同自由原则在政府采购领域内难以全面适用。采购人在行使合同订立与执行权力时，需严格履行公共义务与责任，其合同自治与自由的空间受到公共利益的明确限制。这一安排旨在确保政府采购活动的公正性、透明度与效率，从而更有效地服务于社会公共利益。

3. 采购人的集体决策性

采购人执行的政府采购活动，旨在达成政府或社会公众的特定目标，服务于国家与社会的整体福祉。此过程不仅承载着国家意志与公共利益的导向，更超越了个人或企业消费的范畴，体现了宏观层面的经济与社会责任。因此，采购人在决策时，往往需采取集体决策机制，确保决策过程的民主性与科学性，以全面考量各方利益，平衡多方需求。这样的决策模式旨在通过政府采购这一杠杆，优化资源配置，促进产业政策的健康发展，同时彰显政府采购的公平性与政策性导向，实现公共资源的最大化利用与社会效益的最优平衡。

4. 采购人采购过程的法律性

采购人采购行为从需求提出，到采购实施，到采购验收都必须遵循政府采购法律法规，不允许有任何随意性。

（二）政府采购采购人的工作职责

1. 采购人的职责与权力

（1）编制采购需求

采购人作为经济社会管理职能的执行者，其运营活动依赖于对社会资源的合理配置与有效利用。为此，法律明确赋予了采购人针对履职所需物品提出采购申请的权力。鉴于采购资金主要源自财政拨款，其使用自然受到财政预算的严格约束。因此，采购人的购买需求通常需通过精心编制的政府采购预算与计划来实现。这一过程中，采购人依据国民经济与社会发展规划，细致规划采购项目、明确用途及资金安排，旨在确保采购活动既遵循预算约束，又高效利用财政资金，防止资金挪用，提升使用效益。同时，预算编制还有助于精确界定采购需求，规避重复、盲目及超标采购，推动采购工作的科学化与精细化发展。在预算制定时，采购人需综合考虑政策导向与财力状况，确保预算既能满足单位日常运营与职责履行之需，又避免浪费与资金不足。随后，依据批准的政府采购预算，采购人进一步细化采购计划，按月度、季度及年度合理规划采购进度，确保采购活动有序进行，及时完成预算内项目支出，保障采购资金的顺畅支付与结算。

（2）选择采购机构

采购人在处理政府采购事务时，需严格遵循集中采购目录的指导原则。对于纳入该目录且属于通用性质的政府采购项目，采购人必须依托专业的集中采购机构进行代理采购，确保采购流程的规范性与透明度。若当地存在多家集中采购机构，采购人则享有选择权，可根据实际需求与服务质量自行决定委托对象。此委托行为需以书面形式确立，即签订委托代理协议，详细载明委托事项、权限范围、服务期限及双方权利义务，以此构建清晰明确的合作关系框架。

对于集中采购目录之外的采购项目，采购人享有更大的自主权。这些非强制性项目不仅允许采购人自行组织采购，也提供了委托集中采购机构或依法取得资格的采购代理机构进行采购的选项。重要的是，任何外部力量均无权干涉采购人的这一选择过程，确保了采购活动的独立性与公正性。但需注意，采购人的选择权并非无限，它必须在政府采购监管部门认可的、具备相应资质的采购代理机构范围内行使，这一限制旨在维护采购市场的秩序与规范。

在与采购代理机构建立合作关系时，采购人有权根据具体采购需求，细致界定委托代理协议的内容与条款，确保双方权益得到充分保障。采购代理机构则需严格遵循协议约定，在授权范围内提供专业、高效的采购服务。若代理机构在服务过程中出现偏离采购人要求或违反协议义务的情况，采购人有权立即采取行动，包括制止不当行为乃至终止委托协议，以保障采购项目的顺利进行与采购目标的顺利实现。

（3）确认采购结果

采购人在法律框架内，依据预设的采购标准与规定，有权基于采购代理机构提交的中标或成交建议来选定供应商。若存在确凿证据显示评审结果有失公正，采购人有权拒绝确认该结果，以维护采购过程的公平性与正当性。

（4）签订采购合同

采购人按照法律规定，根据确认的评审结果与中标成交供应商签订采购合同。政府采购合同是一种民事合同，适用以民事合同的方式来处理采购人与供应商之间的关系。

（5）验收采购物品

采购人，作为采购标的的最终使用者，其在履约验收环节的角色至关重要且不可或缺。依据相关法律规定，采购人或受其委托的采购代理机构承担着组织供应商履约验收的法定职责。这一流程不仅是采购合同执行的关键步骤，更是确保所采购物品或服务严格符合既定需求、质量标准的最终屏障。因此，采购人必须对履约验收工作有高度的重视与严谨的态度，将其视为保障采购项目成功落地、维护公共利益的重要环节。

在履约验收过程中，采购人应严格依据采购合同的各项条款，对供应商提供的所有采购对象进行全面、细致的检验与评估。对于大型、复杂的政府采购项目，鉴于其涉及的专业性与复杂性，采购人更应谨慎行事，必要时可主动邀请具备国家认可资质的质量检测机构参与验收工作，借助专业力量确保验收结果的客观性与准确性。

一旦发现采购对象未能达到合同约定的标准或存在质量问题，采购人应立即采取行动，依据相关法律法规及合同条款，有权拒绝向供应商支付全部或部分款项，以此作为对供应商违约行为的有效制约，维护自身合法权益及政府采购活动的严肃性。总之，履约验收工作的有效实施，是采购人履行法定职责、确保采购项目质量、维护公共利益的重要体现。

2. 采购人的行为规范

（1）依法采购

采购人，作为肩负政府管理职能、致力于实现国家利益与社会公共利益的关键部门与服务机构，其行动理应以法律法规为准则，积极响应国家政策导向，成为执行政府采购法律法规的表率。在此过程中，采购人应坚决摒弃部门利益的狭隘视角，无条件遵循国家政府采购的各项规章制度，确保公共资金的有效利用与采购活动的公正透明。

具体而言，我国现行法律法规明确规定，纳入《政府采购法》集中采购目录范围及达到采购限额标准的工程、货物和服务项目，必须交由集中采购机构统一组织采购，并依法签订书面委托合同，严禁采购人擅自进行采购活动，以免触犯法律，承担相应法律责任。此外，采购人还应严格遵守公开招标原则，不得以任何形式规避或削弱公开招标的适用性，确保采购过程的竞争性与透明度。对于需实施集中采购的部分，采购人必须预先精心编制政府采购预算与计划，为采购活动的顺利开展奠定坚实基础。

在招标实践中，采购人需充分尊重并遵循采购代理机构的专业操作流程，保持中立与客观，不得非法干预其正常工作。同时，采购人应坚决拒绝任何不合规要求，严禁与采购代理机构串通舞弊，以维护采购活动的公正性与公信力。总之，采购人在政府采购活动中应时刻铭记自身职责与使命，以高度的法律意识与职业道德，推动政府采购事业健康、有序发展。

（2）接受监管

采购人由于主要是为社会提供公共服务的机构，必须接受政府采购管理监督部门的管理。政府采购采购人是政府采购政策的执行者，其活动应当受到政府采购监管部门的监管，同时还要接受国家审计部门、监察部门的监督。

（3）尊重权益

在政府采购的每一个环节，采购人都肩负着维护公平竞争市场环境的重任，这要求他们必须无条件尊重并保护供应商的正当、合法权益。从供应商资格审查之初，采购人就应秉持公正无偏的态度，确保不同地域、不同规模的供应商均能在同一平台上公平竞争，避免任何不合理要求成为阻碍供应商参与采购的壁垒。采购过程中，采购人应积极响应供应商的正当询问，提供必要的信息支持，以增进互信，促进合作。一旦供应商中标或成交，采购人务必及时履行法定程序，在规定时限内与供应商签订政府采购合同，确保采购活动的连续性与有效性。若因故需变更中标、成交结果，采购人必须依法行事，承担相应的法律责任，以维护采购结果的严肃性与公信力。

此外，采购人在委托采购机构进行采购时，应展现出对专业评审机制的充分信任与尊重。他们应认识到，政府采购评审专家的意见是基于专业知识与客观标准的独立判断，采购人应无条件接受并遵循这一评审结果，不得以个人偏好或主观臆断干扰采购流程的公正性。这意味着，即便评审结果与采购人的预期不符，采购人也应克服心理障碍，积极履行签订合同、验收及支付等后续义务，保障采购项目的顺利推进。

尤为重要的是，鉴于采购人多为政府部门，其行政行为惯性可能对采购交易产生不良影响，因此建立健全自我约束、自觉遵守规则的机制显得尤为重要。采购人需时刻警醒，将采购活动视为独立的市场交易行为，摒弃行政干预，确保采购过程的公平、公正与透明。通过加强内部制度建设、提升人员专业素养、强化监督问责等手段，采购人可以有效防范违规行为的发生，为政府采购事业的健康发展贡献力量。

（4）节俭实用

采购人使用财政性资金采购履行公务需要的产品，使用的是纳税人的钱，因此采购人使用资金要节约，采购物品要实用，要以满足公务需要为原则，不能追求品牌、奢华。节约而又实用是采购人在政府采购活动中的一条重要原则。

二、政府集中采购机构

（一）政府集中采购机构的概念与设置原则

政府集中采购机构，作为各级政府依据《政府采购法》精心构建的法定实体，扮演着为本级政府机关、事业单位及社会团体提供集中采购目录内项目服务的核心角色。其设立宗旨在于促进采购活动的规范化、规模化与高效化,确保公共资金的合理使用与采购过程的透明公正。

在机构设置上,政府集中采购机构严格遵循《政府采购法》的指导原则,坚持独立设置与非强制性并重。独立设置原则强调其作为独立法人的地位,直接隶属于同级政府,确保其在运作过程中不受任何外部利益集团的干扰,维护采购活动的纯粹性与公正性。非强制性原则则赋予地方政府根据实际需求灵活决定是否设立集中采购机构的自主权,特别是在采购规模较小、社会代理机构能够胜任的情况下,可避免资源的重复配置与浪费。

关于政府集中采购机构的性质,《政府采购法》有着清晰的界定:它非政府机构,亦非企业,而是作为非营利性事业法人存在。这一定位从根本上排除了其追求利润最大化的动机,保障了政府采购制度的原则与声誉不受侵蚀。作为专门为行政事业单位服务的公益性组织,集中采购机构的经费主要来源于财政拨款,形式多样,包括但不限于全额拨款、差额拨款及自收自支预算单位,确保其运营的稳定与可持续性。

在职责履行方面,政府集中采购机构主要承担代理采购的重任,是政府采购体系中的关键执行机构。其工作范畴广泛覆盖接受采购人委托,组织实施集中采购目录中通用项目的采购活动,并依据《政府采购法》规定,可进一步延伸至代理分散采购项目。通过专业、高效的采购服务,集中采购机构不仅促进了政府采购活动的顺利开展,还有效推动了采购资源的优化配置,为提升政府采购整体效能与公信力奠定了坚实基础。

(二)政府集中采购机构的定位

1. 政府集中采购机构是政府采购规模效应的主要贡献者

政府集中采购通过汇聚各采购人的同类需求,有效减少采购频次,实现需求的整合与项目的科学打包。借助专业采购、定期采购及合并采购等多种策略,集中采购不仅降低了单次采购成本,还促进了社会总成本的节约,充分展现了集约化、规模化的经济优势,高效达成政府采购的经济性与规模性目标。

2. 政府集中采购机构专业化、标准化和规范化程度高

政府集中采购机构为政府设立的事业单位,经费来源主要是财政拨款,追求利润最大化动机不强,成本核算压力不大,采用现代信息技术和现代管理手段积极性高。从全部采购机构来看,政府集中采购机构的标准化程度最高。

3. 政府采购法律法规对政府集中采购机构具有更强的约束性

为确保政府集中采购活动的公正透明与高效运行,建立健全内部监督管理制度成为政府集中采购机构不可或缺的核心任务。这一制度旨在构建一个内部各环节相互监督、相互制约的闭环机制,通过精细化的管理流程与权责分明的岗位设置,推动机构内部管理与操作的规范化进程。在此框架下,采购活动的每一环节均置于严格的监督

之下，确保了采购决策的透明度与合规性，有效遏制了潜在的不当行为。

政府集中采购机构的设立，不仅简化了监督流程，还使得监督对象更为集中明确。通过采用公开透明的采购程序，结合严格有效的监督管理机制与约束制衡措施，政府能够全面审视采购活动的全过程，及时发现并纠正偏差，确保采购行为严格遵循法律法规与规章制度。这种监督模式的实施，不仅提升了采购活动的公信力，还极大地降低了政府采购活动中腐败现象的发生概率，为营造风清气正的采购环境提供了有力保障。

政府集中采购机构内部监督管理制度的完善，不仅是对机构自身管理水平的全面提升，更是对政府采购制度整体效能的强化与巩固。通过构建科学、严密的监督体系，政府集中采购机构得以在确保采购经济性与规模性的同时，有效维护公共利益，推动政府采购事业的健康持续发展。

4. 政府集中采购机构是促进政府采购实现经济、社会发展目标的主要实践者

政府采购作为宏观经济调控的关键杠杆之一，《政府采购法》赋予其深远的意义，明确要求政府采购活动应紧密围绕并助力国家经济与社会发展目标的达成。这一法律框架内，政府采购被视作推动多项国家战略实施的重要工具，包括但不限于支持国货采购、促进环境保护、鼓励节能产品应用、加大对不发达地区及民族地区的扶持力度，以及积极促进中小企业茁壮成长等。这一系列举措，旨在通过公共资金的精准投放，引导市场资源向符合国家长远发展利益的方向流动。

区别于以营利为目的的采购代理机构，政府集中采购机构以其非营利性事业单位的独特身份，扮演着更为关键的角色。作为政府直接授权并独立运作的机构，政府集中采购机构不仅承载着高效执行采购任务的责任，更肩负着贯彻落实政府采购宏观调控政策的使命。其运作机制确保了政府采购活动能够紧密贴合国家经济政策导向，通过集中采购的规模优势与专业管理，有效促进国家经济结构的优化升级与社会福祉的全面提升。

因此，政府集中采购机构不仅是采购流程的执行者，更是国家宏观调控意图的传递者与实现者。其非营利性的本质属性，为其在执行采购任务时提供了更为纯粹的立场与更为坚定的决心，确保了政府采购活动能够始终如一地服务于国家经济与社会发展的宏伟蓝图。

5. 政府集中采购机构在政府采购活动中超然独立，政府采购改革示范效应明显

政府集中采购机构因资金相对有保障，没有"业务"压力，在利益上与供应商和采购人相比相对超然，无须采取"非常"手段承揽业务。在政府采购活动中，政府集中采购机构按照采购人的委托，通过规范的采购程序进行采购，接受社会各界的监督，采购结果相对公平合理。

（三）政府集中采购机构内控制度分析

1. 政府集中采购机构建立内控制度的原则

在政府集中采购机构的内部管理体系中，责任分离原则构成了其基石，它确保了不同部门各司其职，各负其责，有效防止了单一部门或岗位权力过度集中可能引发的风险。这一原则的实施，不仅促使机构内部权责明晰，也为建立健康、可持续的采购生态奠定了基础。

与此同时，相互监督原则作为保障机制，贯穿于政府集中采购机构的日常运作之中。它要求各部门之间建立起紧密的监督网络，后道工序部门对前道工序部门实施有效监督，形成闭环管理。对于关键岗位，更是设立了专门的监督部门，通过强化监督力度，确保采购活动的每一个环节都能在阳光下运行，有效遏制了腐败与不当行为的发生。

在追求监督与制衡的同时，政府集中采购机构亦不忘提高效率原则的重要性。机构内部组织机构，力求在保障相互制约的前提下，简化流程，避免烦琐，确保采购活动能够高效、顺畅地进行。这种既注重内部控制又兼顾效率提升的设计理念，使得政府集中采购机构在保障采购质量的同时，也能够在激烈的市场竞争中保持敏捷与活力。

2. 政府集中采购机构内部结构简述

政府集中采购机构内部结构可分为三种类型：

（1）直线型结构

直线型组织结构以其独特的垂直排列方式，构建了一个权责清晰、指挥链条直接的管理体系。在这种结构中，各级主管直接对下属行使全面职权，确保了信息的快速传递与决策的迅速执行，体现了结构简单、权责分明的显著优势。然而，这一模式也存在其局限性，即各部门及个人往往局限于自身职责范围内，缺乏横向的沟通与协作，监督机制相对薄弱，可能增加不廉洁行为发生的风险。

尽管如此，直线型结构因其高效的工作流程与顺畅的部门衔接，在集中采购机构中得到了广泛应用。从项目接洽到实施完成的每一个环节，均由特定部门一以贯之，这种连续性与责任制的结合，极大地提升了采购工作的执行效率与完成质量。因此，尽管存在监督控制方面的挑战，直线型结构仍以其独特的优势，在集中采购领域展现出了强大的生命力与适应性。

（2）直线职能型结构

此组织结构侧重于将具有相同专业背景的专家整合至各自专门的职能机构内，确保他们在各自的业务领域内能够深入分工、紧密合作。这种模式的核心优势在于任务分配的集中化与明确化，促进了信息的顺畅流通与决策的高效执行。通过将同类专家汇聚一堂，不仅能够充分利用专业化带来的规模经济效益，有效减少人力与资源的冗余配置，还为员工创造了一个交流无碍的环境，使他们因共享专业语言而增强归属感与满足感。然而，这种结构也面临部门间协作的挑战，因职能界限的明确划分，可能导致跨部门合作时存在一定的沟通障碍与协调难度。

（3）矩阵型结构

矩阵型结构是一种融合了横向职能领导与纵向项目管理的综合性组织体系。在这种结构中，横向层面构建了稳固的职能领导系统，确保各部门职能明确、各司其职；而纵向层面则围绕特定项目需求，灵活组建项目系统，每个项目由专门负责人统领，成员跨职能部门抽调，形成职能与项目交织的紧密网络。此结构的优势在于能够高效促进职能部门间的协作与配合，增强组织的适应性与灵活性，尤其适用于频繁承担重大项目的集中采购机构。然而，其不足之处亦不容忽视，如组织稳定性相对较弱，人员面临双重领导可能导致权责界限模糊，增加了管理的复杂性。

3. 政府集中采购机构的内控制度

机构结构的选择是一个复杂而精细的过程，它深刻影响着组织的运行效率与治理效果。这一决策需综合考虑机构的复杂性、正规化程度以及决策权的集中化水平。对于政府集中采购机构而言，其特殊性在于需遵循《政府采购法》的严格规定，这决定了其应倾向于构建一个小型、精简但高度规范化的组织框架。在此情境下，复杂性被控制在合理范围内，管理层次精简，以确保决策的高效传递与执行。同时，正规性被强调至极致，确保所有采购活动均严格遵循法律法规与既定程序，维护采购过程的公正透明。

在集中化方面，政府集中采购机构倾向于将决策权集中于领导层，以强化整体协调与监督能力，避免权力分散导致的执行偏差。然而，在具体内部控制结构的选择上，直线型与直线职能型各有利弊。直线型结构虽能迅速响应采购需求，实现高效运作，但长期而言，权力集中可能导致监督缺失，违背责任分离与相互监督的基本原则。相反，直线职能型结构通过细分专业部门，如业务部门、审核部门、监督部门等，既促进了工作的专业化与高效化，又构建了内部监督机制，有效缓解了权力集中的风险。尽管此模式在部门间协调上可能面临挑战，但通过优化工作流程、加强跨部门沟通与协作机制，可以显著提升组织的整体效能。

因此，按照《政府采购法》的要求，政府集中采购机构更适宜采纳直线职能型结构为基础框架，并结合具体工作流程设置相应职能部门，实施分段式采购管理，确保各环节职责明确、衔接顺畅。对于重大项目，则可灵活采用临时矩阵型组织结构，组建专项项目领导小组，以满足复杂多变的采购需求，实现组织内部的稳定性与灵活性的完美平衡。这种混合型的组织结构设计，既满足了政府采购工作的专业性与规范性要求，又确保了组织在面对不同挑战时的应变能力与创新能力。

三、政府采购社会代理机构

（一）政府采购代理机构的概念

政府采购代理机构这一范畴，在广义层面上，涵盖了政府集中采购机构与获得政府采购业务资质的社会代理机构两大类。而本章所聚焦的，是狭义范畴下的政府采购代理机构，特指那些通过财政部门严格认证，具备合法资质，接受采购人委托，专门代理政府采购中货物、工程及服务采购业务的社会中介组织。这些社会代理机构与政府集中采购机构在职责上虽有所重叠，即均作为采购人的代理方执行采购任务，但其核心差异在于代理范围的界定。政府集中采购机构专注于集中采购目录内项目的执行，而社会代理机构则灵活补充，处理目录外的政府采购需求，二者业务范围随集中采购目录的宽窄而进行动态调整。实践中，鉴于集中采购目录的广泛覆盖，社会代理机构往往扮演着辅助与补充的角色。

作为经国家工商行政管理部门正式注册登记的企业法人，政府采购社会代理机构以营利为目标，其运营遵循市场规律。它们与采购人之间，构建起基于平等自愿原则的民事主体关系，通过签订正式民事合同明确界定双方的权利与义务边界。在委托授权范围内，社会代理机构以专业代理人的身份，独立高效地处理各项政府采购事务。

具体而言，政府采购代理机构的核心职责包括但不限于：遵循政府采购法律法规，精心编制采购文件，广泛发布采购信息，有序组织开标、评标及定标活动，并确保整个流程公开透明；同时，依据规定向采购人合理收取代理服务费用，实现服务价值与经济回报的平衡。

在享受代理权利的同时，政府采购代理机构也肩负着重要义务：它们必须严格遵守政府采购法规界定的业务范围，杜绝超范围采购行为；主动接受政府采购监管部门的全面监督，确保采购活动的合法合规；此外，还应积极拥抱社会监督，通过提升服务透明度与公众参与度，共同维护政府采购市场的健康秩序与良好形象。

（二）政府采购代理机构资格管理

在政府采购领域，任何旨在从事招标活动的社会中介机构，若想正式涉足并承接政府采购业务，首要前提是必须获得官方认可的相应业务资格。这一资格认定体系由财政部及各省、自治区、直辖市人民政府财政部门共同构建并严格执行，确保了代理机构的专业性与合规性。具体而言，政府采购代理机构的资格认定分为甲级与乙级两个层级，不同层级的认定权限有所区分：甲级资格的认定工作由财政部直接负责，体现了其权威性与高标准要求；而乙级资格的认定则由申请单位所在地的省级财政部门负责，既保证了地方灵活性，又不失严谨性。

获得甲级资格的政府采购代理机构，凭借其卓越的专业能力和广泛的业务覆盖范围，有权代理所有政府采购项目，无论是规模庞大、复杂度高的综合性项目，还是其他特定需求的采购任务，均能游刃有余地应对。而对于取得乙级资格的代理机构而言，其业务范围则相对受限，主要聚焦于单项政府采购项目，且这些项目的预算金额需控制在1000万元人民币以下。这一设置既是对代理机构能力的一种合理评估与划分，也是对市场秩序的一种有效维护，确保了不同层级的代理机构能够各展所长，共同促进政府采购市场的健康有序发展。

值得注意的是，随着政府采购市场的不断扩展与深化，对代理机构的专业要求与监管力度也将持续加强。因此，无论是甲级还是乙级代理机构，都需不断提升自身业务水平，强化内部管理，以更好地适应市场变化，满足采购人的多元化需求。同时，各级财政部门也将继续优化资格认定流程，完善监管机制，为政府采购代理机构的健康发展提供有力支持与保障。

四、政府采购供应商

（一）政府采购供应商概述

1. 政府采购有关供应商的几个概念

政府采购供应商体系涵盖了向政府采购主体提供所需货物、工程及服务的各类实体，包括法人、其他组织及自然人。其中，法人是指依法设立，具备独立民事权利与行为能力，能自主承担民事义务的社会组织集合，涵盖了企业、机关、事业单位及社会团体法人；其他组织则指未达到法人标准，如合伙、个人独资企业及联营体等；自然人则是具备完全民事行为能力，能独立承担责任的公民个体。

在政府采购流程中，几个关键概念需清晰界定：潜在供应商，即拥有提供符合采购技术要求产品能力的供应商群体，当采购需求发布时，所有符合条件的供应商均被视为潜在对象；投标供应商，则指积极响应采购要约，提交投标文件参与竞标的供应商，他们源自潜在供应商群体，但后者并非全部参与投标；中标候选供应商，是评审专家根据标准推荐，符合采购方要求的潜在中标者，通常推荐名单包含一至多名供选择；中标供应商则是从候选名单中经采购方确认，最终获得合同签署资格的供应商，其必然是投标供应商的一员，但反之则不然。这一系列概念共同构成了政府采购供应商体系的核心框架。

2. 政府采购供应商的特征

在政府采购这一特殊的市场交易场景中，供应商作为不可或缺的卖方角色，承载着向采购人提供高质量产品与服务的重任。政府采购，作为社会公共采购的重要组成部分，其广泛的覆盖领域与庞大的交易规模，孕育着巨大的市场机遇与潜力。理论上，遵循公平、公正的核心原则，任何符合政府采购法律规定的供应商均享有平等参与竞争，通过公开透明的程序争取政府采购合同的份额的机会，且这一过程中不应遭受任何形式的歧视或偏见。供应商应不仅能无障碍地获取政府采购信息，还拥有对采购活动进行监督的权利，以确保整个流程的公正性与透明度。

然而，现实情况往往更为复杂。在政府采购的实际操作中，供应商常处于相对弱势的地位。这背后的原因多重而深刻：首先，政府采购人的特殊身份——作为政府部门的代表，其管理与领导职能的惯性，有时会在采购活动中不经意间显露，导致如指定品牌、无故拒签合同等行为的发生，影响了市场的公平竞争。其次，买方市场的现状加剧了供应商之间的竞争态势，为赢得采购人的青睐，供应商可能不得不妥协于某些不合理要求，即便面对不公，也常因长远合作考量而选择沉默，放弃法律维权。最后，法律意识的薄弱也是不可忽视的因素，《政府采购法》虽已颁布，但公开、公平的市场环境尚未完全建立，违法违规行为时有发生，进一步削弱了供应商的权益保障。

为改变这一现状，促进政府采购事业的健康发展，亟需构建一种基于相互尊重与信任的新型供需关系。采购人与供应商应携手努力，共同营造一个既规范有序又充满活力的市场环境。采购人应主动摒弃管理者心态，严格遵循法律法规，确保采购活动的公正与透明；而供应商则应增强法律意识，勇于维护自身合法权益，通过合法途径表达诉求，促进问题的合理解决。双方的合作应建立在平等对话、共同发展的基础之上，共同推动政府采购向更加高效、公正、可持续的方向迈进。

3. 政府采购供应商的资格条件

在政府采购活动中，设定供应商资格条件不仅是保障采购质量与效率的必要举措，更是维护政府公信力、促进社会诚信体系构建的重要环节。首先，政府采购的核心目的在于满足政府机构高效提供公共服务的需求，因此，对供应商的生产能力、服务能力等提出明确要求，旨在确保采购到的产品和服务质量上乘，进而维护政府形象与公众信任。这要求供应商不仅具备扎实的物质基础，还需展现出高度的社会责任感与专业能力。

其次，作为法律与制度的制定与执行者，政府采购人通过率先垂范，强调诚信守法，对供应商提出严格的资格条件，实际上是向全社会传递一个清晰的信号：政府采购活动坚决抵制违法行为，鼓励和支持诚信经营。这一做法不仅是对违法企业的有力震慑，也是对合法合规供应商的有力支持，有助于营造公平竞争的市场环境。

最后，从维护市场公平竞争的角度出发，对于存在违法行为或不履行社会法定义务的供应商，即使其产品或服务具有竞争力，也不应被允许参与政府采购。这一原则的确立，旨在防止不良供应商通过不正当手段获得竞争优势，从而伤害那些遵纪守法的供应商，确保政府采购活动成为推动社会公平守信风尚的重要力量。

《政府采购法》明确规定了供应商参与政府采购的六大基本条件，这些条件全面覆盖了供应商的资质、信誉、能力、合规性等多个方面。其中，独立承担民事责任的能力是基础，确保供应商能够稳定可靠地履行合同义务；良好的商业信誉和健全的财务会计制度，则是衡量供应商诚信经营与财务管理水平的关键指标；履行合同所必需的设备与专业技术能力，是保障采购项目顺利实施的物质与技术支撑；依法纳税和缴纳社会保障资金的良好记录，体现了供应商的社会责任感与合规经营意识；无重大违法记录的要求，则是对供应商过往行为的一次全面审视，确保其具备良好的道德底线与职业操守。此外，法律、行政法规规定的其他条件，如符合国家产业政策、履行环保义务等，进一步细化了供应商的资格标准，促进政府采购活动的多元化与可持续性发展。

值得注意的是，《政府采购法》在赋予采购人设定特定供应商条件权利的同时，也明确禁止通过设定不合理的资格要求来限制竞争，确保政府采购活动的公平性与开放性。对于特殊行业，如建筑行业，国家还提出了更为具体的资质要求，以确保采购项目的专业性与安全性。这些措施共同构成了政府采购供应商资格条件的完整体系，为政府采购活动的健康有序发展提供了有力保障。

（二）政府采购供应商的权利和义务

1. 政府采购供应商的权利

政府采购供应商作为交易的卖方，承担着向采购人提供合格采购对象的责任。供

应商在政府采购活动中享有一系列合法的权利，主要包括：

（1）公平和平等地参与政府采购活动的权利

政府采购市场，作为一个由政府消费需求驱动的独特市场领域，是构成国内市场不可或缺的板块。它显著区别于以盈利为导向的民间市场，主要体现在其特定的采购主体——政府机构、资金来源的公共财政属性，以及采购目标的非商业性——旨在支持政府管理职能的履行或公共服务的供给。鉴于政府采购资金直接源自国家预算，这部分资金本质上取之于民、用之于民，因此，政府采购活动必须坚守公开、公正、公平的原则，确保每一位纳税人（包括潜在供应商）都能平等地享有由此产生的商业机遇，禁止任何形式的歧视性政策剥夺其合法权益。

在此框架下，供应商参与政府采购的门槛被明确界定为符合《政府采购法》及相关法律法规所规定的资格条件。这意味着，只要供应商能够满足这些法定要求，便有权加入政府采购的竞争行列。当进行供应商资格审查时，这一过程必须秉持公正、无偏见的立场，严格依据法律条款执行，旨在筛选合规的参与者，而非通过设置特殊或歧视性门槛阻碍供应商的合理准入。通过这一系列措施，政府采购市场致力于构建一个开放、透明、包容的竞争环境，促进资源的高效配置与公共利益的最大化实现。

（2）公平和平等地获得政府采购信息的权利

政府采购，作为一项广泛覆盖且规模庞大的社会公共采购活动，其市场潜力不可小觑，为众多供应商提供了广阔的发展空间与经济效益增长的契机。在这一市场中，公平与公正不仅是基本原则，更是推动供应商之间良性竞争、激发市场活力的基石。确保每一位供应商都能在同一起跑线上公平竞争，关键在于确保政府采购信息的充分公开与透明。

具体而言，这要求采购人与采购代理机构承担起重大责任，严格遵循公开透明的工作原则，将政府采购活动中的重要信息，包括但不限于采购项目详情、需求规格、预算范围、采购方式等，通过财政部门指定的权威媒体渠道及时、全面地向社会公布。这一举措不仅是对政府采购法律法规的忠实执行，更是对供应商知情权的充分尊重与保障。

通过信息的公开披露，供应商能够迅速、准确地获取政府采购的最新需求动态，从而基于全面、客观的信息作出精准的经营决策与投标策略安排。这不仅有助于提升供应商的竞争力与中标概率，还能促进资源的优化配置，提高政府采购的整体效率与效益。同时，信息的公开透明还有助于加强社会对政府采购活动的监督，进一步推动政府采购市场的健康、有序发展。因此，可以说，政府采购信息的公开透明是实现供应商公平竞争、激发市场活力、提升采购效率与效益的关键所在。

（3）询问和质疑的权利

供应商有权在采购活动开始前，对政府采购活动和有关采购文件向采购人或采购代理机构进行询问和质疑，特别是有权就一些歧视性内容提出问题，采购人或采购代理机构应该及时作出答复。

（4）要求保守其商业秘密的权利

在政府采购的活动过程中，供应商有权要求采购人或采购代理机构保守其商业秘密。

（5）对政府采购活动的监督权利

在政府采购活动中，法律赋予了供应商一项重要权利——监督权，这不仅是供应商维护自身权益的途径，更是推动政府采购透明化、公正化的关键力量。国际实践充分证明，供应商之间的相互监督往往是最为直接且有效的监督机制。因此，积极鼓励并引导供应商成为政府采购工作的坚实监督力量，对于确保采购活动的公开、公正、公平具有不可估量的价值。

为了实现这一目标，必须确保供应商能够充分参与到政府采购的全过程中来，赋予他们必要的知情权。这意味着供应商应当有权深入了解政府采购所采用的方式、遵循的程序及各个关键步骤，从采购计划的制订到招标文件的发布，再到评标定标的每一个环节，都应向供应商开放，接受其监督。同时，供应商还需熟悉并掌握政府采购制度的相关规定，以便更加精准地行使监督权利，指出并纠正任何可能偏离公正原则的行为。

总之，供应商的积极参与和有效监督是政府采购公开、公正、公平原则得以真正贯彻执行的必要条件。通过建立健全供应商监督机制，不仅能够提升政府采购的透明度和公信力，还能促进供应商之间的良性竞争，共同推动政府采购市场的健康发展。

（6）其他合法权益

如可以拒绝采购人或采购代理机构的各种滥收费行为和各种不正当利益要求。

2. 政府采购供应商的义务

（1）遵守采购法律法规的义务

供应商，作为政府采购活动中不可或缺的关键参与者，其行为举止直接关乎采购过程的公正性与采购结果的质量。鉴于政府采购的特殊性，相关法律法规与制度对供应商参与活动设定了严格而全面的规范体系。供应商在恪守国家基本法律法规、秉持诚信经营原则的基础上，还需深入理解和严格遵守政府采购领域的各项特定规定与制度。

具体而言，供应商应坚决杜绝任何形式的虚假行为，如不得通过伪造夸大自身技术实力、财务状况及业绩等的材料来谋取中标或成交机会，此类行为严重违背了公平竞争的市场原则。同时，供应商需保持市场竞争的正当性，禁止采取任何诋毁、排挤竞争对手的不正当手段，以维护健康的市场秩序。

此外，供应商还应坚决抵制任何形式的串通行为，无论是与采购人、其他供应商还是采购代理机构之间的恶意串通，都是对政府采购公正性的严重侵害，必须予以严厉禁止。在廉洁自律方面，供应商不得向采购人、采购代理机构行贿或输送其他任何形式的不正当利益，以维护政府采购活动的廉洁性。

最后，供应商应积极配合相关部门的监督检查工作，不得拒绝或阻挠正常的监管活动，这是保障政府采购透明度与合法性的重要环节。总之，供应商在政府采购活动中应时刻铭记自身责任，严格遵守各项规定与制度，共同促进政府采购事业的健康发展。

（2）接受监督检查的义务

在参与政府采购活动的过程中，供应商承担着主动接受各方监督检查的重要义务。这意味着供应商必须秉持诚信原则，依法提交真实、有效的文件材料，以确凿无疑的证据证明自身满足政府采购活动所设定的资格、资质条件及能力标准。面对政府采购监管部门及采购机关的审查与监督，供应商应当给予充分的配合，不仅应如实陈述相关情况，还应及时、完整地提供所需资料，确保审查工作的顺利进行。任何试图通过弄虚作假的手段规避监督，或无理拒绝相关部门正当监督与审查的行为，均被视为对政府采购法律法规的严重违反，必将承担相应的法律责任，受到法律的严肃制裁。因此，供应商在参与政府采购活动时，务必保持高度的自律与责任感，积极拥抱监督，共同维护政府采购活动的公正性与透明度。

（3）履行合同的义务

供应商履行合同承诺是法律规定的义务，包括：供应商中标成交后，应当按规定与采购人签订政府采购合同，并严格按照承诺履约，不得拒绝与采购人签订政府采购合同，不得擅自变更或终止政府采购合同；主动积极配合政府采购项目验收工作。

第二节　政府采购模式

一、政府采购模式概述

（一）集中采购模式

集中采购模式，作为政府采购的一种高效形式，其核心在于依托政府集中采购机构的专业运作，旨在通过规模化采购来减少交易频次，进而提升财政资金利用效率。遵循国际惯例，集中采购机构的设立模式主要分为两类：一类为独立设置的政府采购机构；另一类则直接隶属于财政部门，其机构性质往往被界定为政府机构，人员构成以公务员为主。与以盈利为导向的社会招标中介机构不同，集中采购机构秉持非营利性原则，专注于为政府机关、事业单位及社会团体组织提供专属服务，而非面向广泛市场。此外，集中采购机构亦区别于传统政府机关，其核心职能在于受托执行政府采购事务，而非行使行政管理权力，这一特性确保了采购活动的专业性与独立性。

（二）分散采购模式

分散采购模式，作为一种由具体使用单位自主负责实施的政府采购方式，赋予了各单位高度的灵活性与自主权。在此模式下，使用单位需首先向财政主管部门提交详尽的采购预算计划，待审核批准后，即可依据既定规则自行组织采购活动。这一模式的显著优势在于其灵活性，使用单位基于对自身需求的深刻理解，能够迅速响应市场变化，确保采购的时效性与满意度，从而更好地满足实际需求。

　　然而，分散采购模式亦存在不容忽视的局限性。由于采购活动分散于各个单位，难以形成规模效应，导致采购成本相对较高，无法享受批量采购带来的价格优势。此外，每个部门均需配备专门的采购人员，这不仅造成了采购队伍的冗余与庞大，还容易引发重复采购现象，降低了采购资源的整体利用效率。更为关键的是，分散采购模式下对采购过程的监督难度显著增加，难以确保所有采购活动都能严格遵循公平、公正、公开的原则，从而可能滋生腐败与不公。

　　因此，分散采购模式更适用于那些市场经济体系高度成熟、从业人员素质普遍较高、社会诚信体系健全的经济体。在这样的环境中，分散采购能够充分发挥其灵活性优势，同时通过健全的监管机制与自律文化来弥补其规模效应不足与监督难度大的短板，从而实现政府采购效率与质量的双重提升。

（三）集中采购与分散采购相结合模式

　　集中采购与分散采购相结合模式，指一部分采购由政府集中采购部门统一负责，其他采购由使用单位自行采购的模式。

二、国际政府采购模式简介

　　在全球范围内，政府采购模式呈现出多样化的特点，各国根据自身的国情、行政体制及市场环境等因素，采取了不同的采购策略。一方面，有国家选择以集中采购模式为主导，如韩国，其财政经济部下的政府采购厅便是一个典型例子，该机构集中负责中央政府及其地方驻点的全方位采购任务，涵盖货物、工程与服务等各个领域，确保了采购活动的高度统一与集中管理。

　　另一方面，分散采购模式在一些国家得到了实践，如澳大利亚，该国政府已逐步撤销了专门的集中采购机构，转而赋予中央各部门更大的自主权，允许它们根据各自的预算需求独立组织采购活动。这种模式下，采购决策更加贴近实际需求，但也对采购单位的自我管理能力提出了更高要求。

　　更为常见的是，许多国家采取了半集中半分散的混合采购模式，力求在集中采购的规模效益与分散采购的灵活性之间找到平衡点。新加坡便是一个典型代表，其财政部对于大宗、标准化的商品如计算机、纸张等实施集中采购，以发挥规模效应，而对于其他非标准化或个性化需求较强的项目，则交由采购单位自行处理，确保了采购的灵活性与针对性。美国联邦政府同样采取了类似策略，联邦总务署承担起为各部门统一提供办公设施、设备及内部服务的职责，而各部门则保留了对其他特定采购项目的自主采购权，这种分工合作既保证了采购的专业性与效率，又兼顾了各部门的实际需求。

三、我国政府采购模式

（一）我国政府采购模式现状分析

　　《政府采购法》作为我国政府采购领域的基石，明确界定了集中采购与分散采购相结合的采购模式,这一模式旨在平衡采购效率与灵活性,确保政府采购活动既符合法律规范,又能有效满足多样化的公共需求。集中采购与分散采购的界限,由省级及以上政府依据法定程序公布的集中采购目录及政府采购限额标准来具体划定,这一划分体现了中央与地方在政府采购管理上的合理分权与协作。对于中央预算项目,采购目录由国务院审慎确定并公开,而地方预算项目则由各省、自治区、直辖市政府或其授权机构负责明确,确保采购政策的上下联动与因地制宜。

集中采购与分散采购并非孤立存在,而是相互依存、互为补充的有机整体。两者共同遵循政府采购的法律框架,但各有侧重:集中采购侧重于通过规模效应提升采购效率,加强对重大支出项目的监管力度,彰显政府采购的强制性与高效性;分散采购则赋予采购单位更多自主权,以灵活应对特定需求,体现采购活动的个性化与单位自主性。在制定采购限额标准时,需深入考量我国政府采购的实际运行状况,避免标准过低导致的过度干预或标准过高引发的监管空白,确保《政府采购法》的精神实质得以全面贯彻。

在我国政府采购制度尚处于成长与发展阶段的大背景下,设立专门的集中采购机构显得尤为重要且迫切。这些机构不仅能够通过集中采购活动引领政府采购制度的深入实施,还能够作为培养专业采购人才、推动采购专业化的重要平台。它们的有效运作,有助于形成更大的采购规模,优化资源配置,提升财政资金的使用效益。同时,考虑到我国政治体制的特点,过度集中可能引发新的垄断问题,抑制部门采购的积极性。因此,采取集中与分散相结合的采购模式,既发挥了集中采购的规模优势,又保留了分散采购的灵活性,是符合我国国情的明智选择。

(二) 我国政府采购模式的基本框架

1. 政府集中采购

在国际视野下,集中采购普遍指向由专门机构执行的采购活动,而在我国,《政府采购法》则进一步细化了集中采购的范畴,将其划分为政府集中采购与部门集中采购两大类别。政府集中采购体系下,各级政府依法设立的集中采购机构承担起组织实施的重任,其业务范围紧密围绕由省级及以上人民政府依法制定的集中采购目录展开。这一目录实行分级管理制度,针对中央与地方预算项目分别由国务院及各省、自治区、直辖市人民政府或其授权机构确定并公布,确保政策的一致性与灵活性并存。

值得注意的是,鉴于集中采购形式的多样性,集中采购目录亦应相应细化,涵盖通用政府采购项目与部门特殊项目两大板块。通用政府采购项目,诸如跨部门的通用商品及日常服务等,被明确界定为必须由集中采购机构统一负责采购的范畴,此举旨在通过规模采购效应提升效率,同时限制部门和单位自行采购,以避免资源重复配置与潜在腐败风险。而部门特殊项目则根据各部门实际需求灵活处理,体现了集中采购制度下的适度分权与个性化考量。

2. 部门集中采购

对于纳入集中采购目录且符合本部门、本系统特定需求的项目,政府部门有权实施部门集中采购。但并非所有部门均可直接开展部门集中采购，必须事先获得同级政府采购监管部门的审核批准，确认其确实存在需通过部门集中采购满足的特殊需求项目。例如，在江苏省，省级公安与消防部门已通过审核，被授权实施部门集中采购。此外，部门集中采购的范围严格限定于集中采购目录中明确标注适用于部门集中采购的特定项目。即便具备部门集中采购资格的部门，也不得擅自将本应属于通用政府采购范畴的项目，以部门特殊需求为由，纳入部门集中采购流程。具体而言，如公安系统的防暴器材、消防系统的消防车辆等，因其特殊性，可合法组织部门集中采购；而如公安系统购置的普通公务用车、通用计算机等，因其普遍适用性，不属于部门集中采购范畴，相关部门无权自行组织采购活动。

3. 分散采购

分散采购作为一种灵活的采购方式，主要适用于政府集中采购目录之外且未达到采购限额标准的货物、工程及服务领域。此外，即便某些项目属于集中采购目录范畴，但若其满足特定单位的独特需求且不具备显著的批量采购特征，经省级以上人民政府特别批准后，亦可采取分散采购形式进行。相较于集中采购，分散采购展现出更为广泛的覆盖范围与多样化的项目内容，其显著优势在于采购流程的迅速响应与高度个性化的服务水平，这使得分散采购成为众多采购人偏好的选择。

在实施分散采购时，需明确几个关键点以确保其合规性与有效性。首先，分散采购项目必须严格界定为当年政府公布的集中采购目录之外且采购金额未达到政府采购限额标准的项目。值得注意的是，政府集中采购目录内的项目自动排除在分散采购范畴之外，采购人需清晰辨识项目属性。其次，尽管分散采购在形式上更为灵活，但其本质仍属于政府采购活动，因此必须严格遵守政府采购的相关法律法规与程序要求，确保采购过程的公正、透明。再次，分散采购赋予了采购人更大的自主权，允许其自行组织采购活动，但这一自主权的前提是采购人须具备编制招标文件、组织评标等必要的能力与条件。若采购人自身条件不足，则应明智地选择委托专业的采购代理机构代为执行，以保障采购活动的专业性与效率。最后，实施分散采购的采购人还需承担起数据管理的责任，加强对分散采购活动的统计与分析，并及时向上级部门报告相关数据，以便于政府采购管理部门的监督与指导，促进政府采购体系的持续优化与完善。

四、对我国政府采购模式的思考

在推进政府采购制度优化的进程中，坚持集中采购的主体地位至关重要，这是充分发挥政府采购规模效应、降低交易成本、彰显制度改革优势的关键所在。当前，《政府采购法》在界定政府集中采购机构与社会采购代理机构法定地位上的差异方面尚显不足，未能明确集中采购机构的采购权源于法律授权，而非采购人的任意委托，因此，修订《政府采购法》，进一步明确集中采购机构的法定地位显得尤为迫切。

集中采购模式的优势在于其规模效益显著，能有效降低监督成本，营造公平竞争环境，并充分发挥政府采购的政策导向功能，尽管在灵活性方面存在一定局限。相比之下，分散采购模式由于缺乏系统的制度约束和监督机制，易导致采购行为随意性大、透明度低，难以形成规模效益，且腐败风险较高。借鉴欧美国家政府采购发展历程，我国正处于由分散向集中过渡的初级阶段，应着重扩大集中采购的范围与规模，以规范操作为核心，避免过早提倡分散采购而削弱集中采购机构的职能与地位。

当前，政府集中采购机构在履行职责过程中面临的挑战与不足，引发了对部门集中采购与分散采购模式的讨论。然而，在制度规范尚不健全的背景下，过度强调分散采购可能导致采购活动回归无序状态，增加监管难度与不规范操作的风险，偏离政府采购制度改革的初衷。因此，未来几十年内，我国政府采购应坚持集中采购为主导，同时逐步探索集中与分散采购的有机结合，待时机成熟时再适度提升采购灵活性。在此期间，应着力完善集中采购体系，推动政府采购制度的全面透明与高效运行。

为了优化政府采购体系，确保集中采购的高效与规范运行，亟须进一步明确集中采购机构设置的原则。鉴于当前政府集中采购机构隶属关系错综复杂，法律法规亟须填补空白，清晰界定各级集中采购机构的组织架构、主管部门的职责分工及法律责任。当前，关于集中采购机构是否应独立设置、如何与财政部门实现合理分工，尚未形成统一标准，导致实际操作中缺乏明确指导。因此，我们认为，集中采购机构虽在法律上被定义为接受委托执行政府采购的代理机构，但其角色远非传统意义上的简单代理人所能涵盖。为促进政府采购市场的健康发展，应加速推动从中央至地方各级政府在政府集中采购规则上的基本统一，确保集中采购活动在全国范围内遵循一致的标准与流程，从而有效提升采购效率，强化监管力度，推动政府采购制度向更加规范、透明的方向迈进。

第三节　政府采购方式

一、政府采购方式概述

（一）政府采购方式的概念

政府采购方式，作为财政性资金在货物、工程及服务采购过程中的法定操作路径，其核心在于采购方通过科学选定的途径与方法，精准匹配并选定合适的供应商，以实现采购目标的顺利达成。这一过程的起点，即政府采购方式的选择，直接关乎采购活动的合法性与有效性。《政府采购法》详尽规定了多样化的采购方式及其适用条件，并对采购方式的选择主体提出了明确要求，此举旨在从根本上规范采购行为，防止采购方式的随意变更，确保采购活动在既定框架内有序进行。一旦采购方式得以确定，采购人必须严格遵守与该方式配套的一系列法定程序，这些程序如同严谨的"游戏规则"，既具体又不可逾越，任何违背行为都将触发相应的法律责任，以此保障政府采购活动的公正性、透明度与高效执行。

（二）政府采购方式的分类

1. 按招标性质分类

政府采购方式依据其是否包含招标环节，可鲜明地划分为招标性采购与非招标性采购两大阵营。对于达到一定金额阈值的采购项目，招标性采购方式成为首选，它不仅能够确保采购过程的公开透明，还能通过竞争机制优化资源配置，降低成本。招标性采购进一步细分为公开招标、选择性招标与限制性招标三种形式。

公开招标，作为招标性采购的核心方式，通过广泛发布招标公告，邀请不特定范围内的法人或组织参与投标，依据预设且公开的标准评选出中标者，确保了采购活动的广泛参与性和高度竞争性。这种方式因其公正、公平、公开的特性，成为政府采购中最普遍采用的手段。

选择性招标，则是对公开招标的一种灵活补充，它通过预设的资格预审程序，筛选出符合特定条件的供应商作为后续招标的参与者，或是直接确定一段时期内特定项目的候选供应商名单。这一过程中，需确保所有潜在供应商受到平等对待，并鼓励更广泛地参与，以维护采购市场的多元竞争格局。

限制性招标，即邀请招标，则是在特定情况下绕过公开公告环节，直接向有限数量的选定供应商发出投标邀请。此方式虽限定了参与范围，但仍需保证邀请对象的数量足以激发有效竞争，可作为公开招标难以实施时的有效替代方案。

非招标性采购，则是针对招标方式不适用或非最优选择的情境而设计的一系列采购策略。它包括竞争性谈判、询价采购和单一来源采购等多种模式。竞争性谈判允许采购人与多家供应商进行深入交流，通过谈判达成最优采购协议，尤其适用于紧急或高科技项目。询价采购则通过向多家供应商询价并比较报价，快速锁定性价比高的供应商，适用于现货或小额标准设备的采购。而单一来源采购，则是在特定条件下，如专利产品、独家制造等，不得不从单一供应商处采购，确保了采购的必要性与合理性。这些非招标性采购方式共同构成了政府采购制度的灵活性与适应性，满足了多样化的采购需求。

2. 按招标阶段分类

招标采购根据其实施阶段的不同，可明确区分为单阶段招标采购与两阶段招标采购两种模式。单阶段招标采购，作为一种直接且高效的方式，通过一次性的招标流程，采购机构依据详尽的采购文件，直接评选并确定中标供应商，整个过程紧凑且目标明确，是政府采购中最为常见的招标形式。

相比之下，两阶段招标采购则显得更为复杂且针对性强，它特别适用于处理那些规模庞大、技术复杂或技术迭代迅速的采购项目，如尖端的大型计算机系统、高速通信系统以及某些特殊要求的土建工程等。在此模式下，采购活动被划分为两个紧密相连的阶段：第一阶段，采购机构首要任务是邀请供应商提交不含价格的技术标，旨在广泛收集并整合各供应商对于项目技术规格、质量标准及其他关键要素的专业见解与建议。这一步骤不仅有助于采购方更全面地把握项目需求，也为后续招标文件的优化提供了宝贵的参考依据。

进入第二阶段，采购机构会根据第一阶段收集到的宝贵建议，对初始招标文件进行必要的调整与完善，确保招标内容更加贴近项目实际，反映最新技术要求。随后，再次邀请供应商依据这份经过精细修订的招标文件，提交包含详细技术方案与价格信息的最终投标书。通过两个阶段的精心设计与实施，两阶段招标采购得以在确保采购项目高质量完成的同时，有效应对复杂多变的技术挑战，虽然其操作相对烦琐，但在特定情境下却展现出不可替代的优势与价值。

二、政府采购方式的运用

（一）我国政府采购方式

《政府采购法》详尽地规范了五种政府采购方式，每种方式均针对特定情境设计，旨在确保采购活动的公平、高效与合规。首先，公开招标作为政府采购的核心方式，以其无地域限制的广泛竞争性和打破垄断的公平性著称，但伴随着招标周期长、工作复杂度高及资金投入大的挑战。实践中，各级政府依据本地情况设定公开招标数额标准，明确界限，并强调特殊情况下采用非公开招标方式需严格审批流程。

其次，邀请招标采购则适用于供应商范围有限或公开招标成本过高的情况，通过随机选取并邀请特定数量的合格供应商，虽竞争范围受限但招标成本相对较低。然而，这也带来了竞争充分性不足及可能存在的邀请倾向性问题，需采购人审慎操作。

再次，竞争性谈判采购方式能够满足复杂或紧急采购需求，通过组建由采购人代表与专家构成的谈判小组，与多家供应商进行谈判，以达成最佳采购方案。其适用范围广泛，包括技术复杂、时间紧迫或无法预先定价的情形，体现了政府采购的应变能力与专业性。

复次，单一来源采购，在特定条件下成为必要选择，如专利产品、紧急情况或保证项目一致性的追加采购等。该方式虽缺乏竞争，但在确保采购质量与效率方面作用显著，执行中需严格把控价格合理性，确保不存在其他合理替代方案，并明确添购非新购的概念。

最后，询价采购以其简便快捷著称，适用于货物规格统一、现货充足且价格稳定的采购项目。通过比较多家供应商报价，快速锁定性价比最优者，有效降低了采购成本与时间，特别适用于日常办公用品及服务等标准化采购需求。

五种政府采购方式各有千秋，采购人应根据项目特性与实际情况灵活选用，严格遵守《政府采购法》及相关规定，确保采购活动的公开透明、竞争有序与高效合规。

（二）采购方式的选择与变更

1. 政府采购方式的选择

在公开招标数额标准之下的政府采购项目，由采购人或其委托的集中采购机构按照《政府采购法》要求直接选用采购方式，但直接选用采购方式不等同于随意选用采购方式，仍然要依据法律规定的条件来选择合理的采购方式。

2. 政府采购方式的变更

政府采购方式的变更流程是一个严谨且系统化的过程，需由采购人或其授权的集中采购机构，依据法定管理权限，正式向设区的市级及以上政府采购监督管理部门提出书面申请。在采购活动正式启动之前提出变更申请的，申请人除"政府采购方式变更申请表"需一并提交详尽的法律依据、相关政策文件及必要的证明资料，以供政府采购监管部门进行全面审核。此阶段，监管部门的审查工作侧重于程序合规性，主要通过审核提交的书面材料来评估变更申请的合理性与合法性。

若采购活动进入开标环节后，因突发情况需调整为公开招标以外的采购方式，则必须严格遵循《政府采购货物和服务招标投标管理办法》中的相关条款。申请人需首先细致复核招标文件内容、招标公告的发布时间及其执行程序，确保所有步骤均符合法定要求，即招标文件条款公正无偏颇，公告发布及流程遵循规定。在此基础上，根据项目的实际进展与需求，谨慎提出变更为竞争性谈判、询价采购或单一来源采购的申请，并附上详尽的情况说明与理由。

政府采购监督管理部门在收到变更申请后，对于涉及复杂或高价值标的的项目，会采取一系列额外措施以全面评估情况，包括但不限于组织市场调研、邀请专家进行独立论证或在政府采购指定信息媒体上公示，以确保审批决策的科学性与透明度。审批过程中，监管部门将秉持客观公正、依法依规的原则，同时深入考量项目的独特性与实际需求，确保采购方式变更既能有效应对特殊情况，又能维护政府采购市场的公平竞争秩序，实现审批工作的科学严谨与高效执行。

三、政府采购方式的执行

（一）公开招标采购

公开招标采购的组织应按照《政府采购法》《政府采购货物和服务招标投标管理办法》（以下简称《招标投标管理办法》）执行，政府采购工程进行招标投标的，适用《中华人民共和国招标投标法》（以下简称《招标投标法》）。公开招标程序主要包括招标、投标、开标、评标、定标等法定程序。

1. 招标

在政府采购的招标采购流程中，首先至关重要的一步是精心编制招标文件。招标采购单位需紧密结合招标项目的具体特点与实际需求，量身定制招标文件，确保其内容全面、准确、无歧义，能够充分反映采购人的意图与要求。若此项工作由采购代理机构承担，则在招标文件正式对外发售之前，必须提交给采购人进行严格审核与确认，以保障招标文件的合法性与适用性。

随后，招标公告的发布是吸引潜在投标人关注并参与投标的关键环节。招标采购单位必须遵循规定，选择省级以上财政部门指定的政府采购信息发布媒体作为平台，及时、准确地发布招标公告，公告内容应详尽介绍招标项目信息、投标人资格要求、招标文件获取方式及投标的截止时间等关键要素，确保信息的广泛传播与有效触达。

紧接着，招标文件的发售工作需严格按照招标公告中明确的时间、地点及价格执行。招标采购单位应设立专门的发售窗口或在线平台，为潜在投标人提供便捷的服务，确保招标文件能够顺利、公平地分发至每一位有意参与的投标人手中。

在招标过程中，难免会遇到需要对招标文件进行澄清或修改的情况。此时，招标采购单位需高度重视，确保所有澄清或修改信息能够及时、准确地传达给所有招标文件收受人。具体而言，应在招标文件规定的提交投标文件的截止时间前至少十五日，通过省级以上财政部门指定的政府采购信息发布媒体发布更正公告，并以正式书面文件的形式逐一通知所有已获取招标文件的潜在投标人，确保信息的透明与对称，维护招标采购活动的公正性与严肃性。

2. 投标

在参与政府采购的投标过程中，投标文件的编制是首要且关键的一步。投标人需根据招标文件的详尽要求，精心准备投标文件，通常这份文件应包含商务部分、技术部分及价格部分三大核心内容，每一部分都需紧密围绕项目需求与评分标准展开，确保信息准确、条理清晰，并按规定的格式与顺序进行装订，以展现投标人的专业性与竞争力。

随后，投标文件的递交环节同样至关重要。投标人必须严格遵守招标文件所设定的截止时间，将精心准备的投标文件密封完好，确保其保密性与完整性，按时送达指定的投标地点。这一步骤不仅考验着投标人的时间管理能力，也是对投标人诚信与责任感的直接体现。

值得注意的是，投标并非一锤定音的过程。在递交投标书后，投标人若发现文件中存在疏漏或需调整之处，仍有补救的机会。根据招标文件的规定，在投标截止时间之前，投标人可对投标文件进行必要的补充、修改或撤回操作，但需注意，任何变动都应以书面形式明确记录并通知招标采购单位，以确保信息的及时更新与同步。

此外，投标保证金的交纳也是投标过程中不可忽视的一环。投标人需按照招标文件中明确指出的形式与要求，及时、足额地交纳投标保证金，这不仅是投标人参与投标活动的经济承诺，也是保障招标活动顺利进行、防范恶意投标行为的重要措施。投标保证金应在投标截止时间前顺利送达招标采购单位，以确保投标人的投标资格有效，为后续的评审与中标奠定坚实基础。

3. 开标

开标作为政府采购招标流程中的重要环节，其时间的确定需严格遵循招标文件所规定的投标截止时间，确保在同一时间公开进行，以维护招标的公正性与透明度。开标地点亦应严格依照招标文件中预先设定的地址，为所有投标人提供一个公平、统一的参与环境。若因特殊原因需对上述时间或地点进行调整，招标采购单位应及时发布更正公告，明确新的开标安排，以确保信息的准确传达与投标人的充分准备。

在开标前，招标采购单位需做好充分的准备工作，包括但不限于会场布置、设备调试、人员安排等，确保开标活动的顺利进行。同时，对投标文件的检验也是开标前不可或缺的一环，旨在核实投标文件的完整性、合规性及密封状态，防止非法干预与不正当竞争行为的发生。

进入开标环节，招标采购单位将按照既定程序，当场宣读投标文件中的标书、开标一览表及其他关键内容，让所有投标人与在场人员共同见证，进一步增强招标过程的公开性与透明度。此过程中，招标采购单位应指定专人负责开标记录，确保记录内容与宣读内容完全一致，准确无误。记录人需在开标记录表上郑重签字，以示对记录内容的真实性与完整性负责，为后续评审工作提供可靠依据。

4. 评标

开标仪式圆满结束后，招标采购单位应迅速行动起来，立即组织评标委员会这一关键机构，着手进行后续的评标工作。评标委员会作为决定投标结果的核心力量，其组成需严格遵循相关规定，确保成员具备丰富的专业知识和公正的评审态度，以保障评标过程的权威性与公正性。

评标工作的首要步骤是对投标文件进行初审，这一环节至关重要，直接关系到哪些投标人能够进入后续的详细评审阶段。初审分为资格性审查和符合性审查两大方面：前者主要考察投标人的基本资质是否符合招标文件的要求，后者则关注投标文件是否严格按照招标文件的格式、要求编制，是否存在实质性偏离或遗漏。通过初审的严格把关，能够有效剔除不符合条件的投标文件，为后续评审工作减轻负担。

随后，评标委员会将运用其专业知识与经验，对通过资格性和符合性审查的投标文件进行深入的比较与评价。在这一阶段，评标方法和标准将严格遵循招标文件中既定的规则，确保评审过程的公正、公平与透明。评标委员会成员需对投标文件中的商务、技术、价格等各个方面进行细致入微的分析与评判，综合考量各投标人的优势与劣势，为最终的中标决策提供有力支持。

经过深入细致的评审后，评标委员会将根据评审结果，给出中标候选供应商名单。这一名单将作为后续合同签订的重要依据，对于中标候选人而言，则是其投标努力与实力的最终体现。同时，评标委员会还需编写详细的评标报告，对整个评标过程进行全面回顾与总结，包括评审标准、评审方法、评审过程、评审结果及推荐理由等关键信息，以便为后续工作提供参考与备查。

5. 定标

评标委员会在完成详尽的评审工作后，会根据既定程序向招标采购单位推荐一系列合格的中标候选人，或者依据招标采购单位的具体授权，直接从中选定中标供应商。这一决策过程确保了中标结果的公正性与权威性。随后，为了增强透明度并保障所有参与者的知情权，中标结果需在省级以上政府采购监管部门指定的权威信息发布媒体上及时公告，公开宣告中标供应商的名单。与此同时，招标采购单位还需履行正式通知的义务，向中标供应商发出中标通知书，以书面形式确认其中标资格，并同步将中标结果通知所有未能中标的投标人，体现了对每一位投标人的尊重与反馈机制的完善。这一系列步骤共同构成了政府采购中标结果确定与公布的标准流程。

（二）邀请招标采购

邀请招标采购的组织也应按照《政府采购法》《招标投标管理办法》执行，政府采购工程采用邀请招标的，适用《招标投标法》。

1. 资格预审

在政府采购的招标准备阶段，资格预审作为确保投标人资质合格、维护招标公正性的重要环节，其流程需严谨执行。首先，招标采购单位应当充分利用省级以上人民政府财政部门指定的权威政府采购信息发布媒体，广泛发布资格预审公告，明确公示投标人的资格条件，确保信息的公开透明与广泛传播。这一步骤不仅为潜在投标人设置了明确的参与门槛，也为后续招标活动的顺利进行奠定了基础。

随着资格预审公告期的结束，招标采购单位需在规定的时间内，即公告期结束之日起三个工作日前，于公告中指定的地点正式接收供应商提交的资格证明文件。这些文件作为评估投标人资质的重要依据，必须严格按照预审公告中的要求进行密封、签署及盖章处理，以确保其真实性与完整性。接收过程中，招标采购单位需细致核对文件形式与内容，确保无误。

随后，进入资格条件审查阶段。招标采购单位应组建专业评审团队，依据资格预审公告中列明的条件，对拟参加投标的供应商资格条件进行全面、客观的审查。审查过程需严格遵循公告要求，不得擅自扩大或缩小审查范围，以确保审查结果的公正性与合理性。审查结束后，评审团队需出具详细的书面报告，明确列出对各供应商的审查结果，对于不符合资格条件的供应商，应详细说明原因，以便其了解自身不足并有机会进行改进。

最后，招标采购单位应从通过资格预审的合格供应商中，通过随机抽取的方式，选择三家或以上的供应商作为邀请对象，并向其正式发出投标邀请书。这一步骤不仅体现了招标活动的公平性与随机性，也确保了投标竞争的充分性。同时，为确保邀请书的准确送达与供应商的积极响应，招标采购单位在发出邀请书后，还应要求收到邀请书的供应商进行回复确认，以确认其参与意愿与准备情况，为后续招标活动的顺利开展做好充分准备。

2. 招标、投标、开标、评标、定标程序与公开招标基本一致

区别有：

①招标采购单位在制定招标文件时，不应再要求投标人提交相关的资格证明文件。

②评标委员会在评审时，不需要对投标文件进行资格审查。

（三）竞争性谈判采购

1. 制定谈判文件

谈判文件作为政府采购竞争性谈判过程中的核心指导性文件，其内容的全面性与准确性直接关系到谈判活动的顺利进行与结果的公正性。一份详尽的谈判文件通常应涵盖以下关键要素：

首先，明确谈判的具体程序，包括谈判的启动、进行、暂停及结束等各阶段的操作步骤与要求，确保谈判双方能够清晰了解谈判流程，有序参与。

其次，详细阐述采购方式，即本次谈判基于何种政府采购模式进行，如竞争性谈判的具体适用条件与优势，以便供应商准确把握谈判背景与目的。

再次，阐明谈判应遵循的基本原则，如公平、公正、透明、诚实守信等，这些原则不仅是谈判活动的基石，也是维护各方权益的重要保障。

报价要求部分则需详细说明报价的有效期、格式、货币种类等细节，确保所有供应商的报价具有可比性与可操作性。

响应文件的编制要求同样重要，它指导供应商准备并提交响应文件，包括文件的结构、内容、格式以及必要的附件、图纸等，确保谈判双方信息交流的准确性与高效性。

保证金交纳方式也是谈判文件中不可或缺的内容，它规定了保证金的金额、交纳方式、退还条件等，以防范恶意投标行为，保障谈判活动的严肃性。

此外，项目商务要求、技术规格要求及数量等具体条款也是谈判文件的重点，它们详细列出了采购项目的具体需求，包括商务条款、技术指标、数量规模等，为供应商提供明确的投标方向。

合同主要条款及签订方式同样关键，它提前明确了双方的权利义务、合同期限、违约责任等关键事项，为后续合同的顺利执行奠定基础。

评定成交的标准则是谈判文件的核心之一，它规定了如何根据供应商的响应文件评选出最终成交者，包括价格、质量、技术、服务等因素的考量权重与评分标准。

最后，谈判文件还需明确提交响应文件的截止时间、谈判的具体时间及地点，以及财政部门可能规定的其他特殊事项，确保谈判活动的准时开始与顺利进行。

一份完善的谈判文件应全面覆盖谈判活动的各个环节与关键要素，为谈判双方提供清晰明确的指导与规范。

2. 确定参加谈判的供应商

在政府采购的竞争性谈判流程启动之初，首要任务是发布详尽的资格预审公告。此公告不仅是供应商了解项目详情、评估自身参与资格的窗口，也是确保采购活动公开透明的重要环节。公告中，采购项目的名称、具体数量（或项目的性质描述）需清晰明确，同时，明确列出参与谈判的供应商所需满足的资格条件，这些条件往往涵盖了企业的注册资本、行业经验、技术实力、过往业绩等多方面。尤为关键的是，资格预审公告的发布期限必须遵循法定要求，不得少于三个工作日，以确保所有潜在供应商有充足的时间获取信息并准备响应材料。

随着公告期的结束，采购人或其委托的采购代理机构需及时行动起来，在指定地点接收来自各方的资格证明文件。这一过程不仅限于新申请参与的供应商，已进入当地政府采购供应商库的成员同样享有递交材料的权利，体现了采购活动的包容性与公平性。

接收完毕后，随即进入供应商资格条件的严格审查阶段。审查工作需由专业团队负责，依据公告中列明的资格条件逐一核对供应商提交的文件，确保参与谈判的供应商均具备相应的能力与信誉。这一步骤对于维护采购项目的质量与效率至关重要，有助于剔除不符合条件的参与者，保障谈判过程的顺利进行。

最终，在同级政府采购监督管理部门的监督下，或由采购单位内部非项目直接经办人员的独立监督下，采购人或采购代理机构将从通过资格预审的供应商中，随机抽取不少于三家（推荐数量为 5 至 6 家，以形成更为充分的竞争）供应商，正式邀请其参与后续的谈判活动，并向其提供详尽的谈判文件。这一过程不仅体现了采购活动的公正性与随机性，也为谈判双方搭建了沟通与合作的桥梁，为后续谈判的成功开展奠定了坚实基础。

3. 成立谈判小组

谈判小组由采购人代表及有关专家共三人以上的单数组成，其中专家人数不得少于成员总数的三分之二。对于达到公开招标数额标准以上的项目，原则上谈判小组应由五人以上单数组成，其中专家人数不得少于成员总数的三分之二。

4. 谈判

在政府采购的竞争性谈判过程中，响应文件的递交是供应商参与谈判的第一步，也是至关重要的一环。供应商需严格按照谈判文件的要求精心编制响应文件，该文件不仅是对项目需求与条件的全面回应，更是展现供应商实力与诚意的关键载体。响应文件中，供应商需对谈判文件提出的各项要求与条件作出实质性的应答，确保内容真实、准确、无遗漏，以满足采购方的实际需求。

随后，实质性响应审查成为筛选合格谈判者的关键步骤。谈判小组将依据谈判文件的详细规定，对供应商递交的响应文件进行细致入微的审查，重点评估文件的有效性、完整性以及对谈判文件的响应程度。这一过程旨在剔除那些未能对谈判文件实质性要求作出有效响应的供应商，确保进入具体谈判程序的供应商均具备相应的资格与能力，为后续的深入谈判奠定坚实基础。

进入谈判阶段，谈判小组将充分发挥主导作用，根据供应商的初始报价、响应内容以及谈判过程中的实际情况，灵活调整谈判策略与节奏。按照谈判文件预先设定的谈判轮次，谈判小组会逐一要求各供应商进行报价，并确保每位参与者都能获得均等的谈判机会，充分展现其优势与竞争力。在最后一轮谈判结束后，谈判小组会将谈判过程中对谈判文件所作的任何修改或补充内容，以正式书面形式通知所有参与谈判的供应商。供应商需对谈判过程中作出的承诺及最终报价进行书面确认，这一确认文件需由供应商的法定代表人或其正式授权的代表签署，并当场提交给谈判小组，以示正式与严肃。这一过程不仅体现了谈判活动的规范性与严谨性，也为后续合同的顺利签订提供了有力保障。

5. 推荐成交候选供应商

谈判小组应当根据符合采购需求、质量和服务相等且报价最低的原则按顺序排列推荐成交候选供应商。谈判工作完成后，谈判小组应根据全体谈判成员签字的原始谈判记录和谈判结果编写评审报告。

（四）单一来源采购

在涉及达到公开招标数额标准却只能从单一供应商处采购的特殊项目中，为了确保采购活动的透明度与公正性，采购人或其委托的采购代理机构必须履行一系列严谨的程序。首先，信息公示是不可或缺的一环，相关采购信息需在省级以上政府采购监督管理部门指定的权威信息发布媒体上公开，广泛征求潜在供应商的意见，并接受社会各界的监督，以此增强采购过程的透明度和公信力。

对于部分重大或复杂的采购项目，在决定采取单一来源采购方式前，尤为重要的是邀请行业专家进行深入的论证。这一步骤不仅旨在评估采购方案的合理性与可行性，还旨在通过专家的专业视角，详尽了解拟采购项目的价格构成、技术性能指标等核心要素，为采购决策提供科学、客观的依据。

随后，向拟定的单一供应商发出详尽的采购文件，该文件需清晰界定技术要求、采购数量、现场服务及售后服务标准、交货时间与地点、付款方式以及合同关键条款等细节，确保供应商能够全面理解并准确响应采购需求。

为确保评审的专业性与公正性，需依法组建采购小组，其成员依据《政府采购评审专家管理办法》严格遴选，确保具备相应的专业资质与评审经验。

在供应商递交响应文件阶段，参与单一来源采购的供应商需严格按照采购文件的要求准备并提交响应文件，这一过程不仅考验供应商的准备充分性，也是对其响应能力与诚意的直接体现。

进入谈判环节，采购小组将与供应商就采购文件的响应情况及报价合理性进行深入交流。谈判的目的在于确保供应商全面满足采购要求，同时针对未响应或响应不完全的部分寻求双方可接受的解决方案，并对报价的合理性进行细致审核，力求达成双赢的合作协议。

最终，基于单一来源采购文件、供应商的响应文件及谈判协商的结果，采购人或采购代理机构将综合考量，确定最终的成交内容，并以书面形式明确记录相关意见与决定，为后续的合同签订与执行奠定坚实基础。这一系列流程的严谨执行，不仅保障了单一来源采购活动的合法合规，也促进了政府采购市场的健康有序发展。

（五）询价采购

在政府采购的询价采购流程中，首先需精心制定询价文件，该文件作为询价活动的核心指导文件，应详尽包含技术规格与数量要求（含必要的附件、图纸等）、明确的报价规则、保证金缴纳方式、项目商务条款、合同主要框架、成交判定原则以及提交响应文件的截止时间与地点等关键信息，确保供应商能够准确理解采购需求并作出有效响应。

接着，针对适用询价采购的一般性项目，采购人或其代理机构会从供应商库中精心筛选符合条件的潜在供应商，通过随机方式选定至少三家（推荐五至六家以形成更充分竞争）供应商，并向其发放精心准备的询价文件，确保询价活动的广泛参与性与公平性。

为保障询价评审的专业性与公正性，询价小组的组建至关重要。该小组由采购人代表与相关领域的专家共同组成，成员数量应为三人以上的单数，且专家比例不得低于总人数的三分之二。对于涉及较高金额、达到公开招标数额标准的项目，询价小组规模原则上应扩大至五人以上单数，并同样确保专家成员的占比优势，以充分发挥专家的专业评审作用。

询价环节正式启动后，供应商需严格按照询价文件要求编制报价文件，文件内容需对询价文件中的各项要求与条件作出实质性响应。询价小组随后将依据询价文件规定，对收到的报价文件进行细致审查，剔除未进行实质性响应的报价，确保进入后续比较环节的报价均符合采购需求。在实质性响应审查通过后，询价小组将所有符合条件的报价按由低到高的顺序排列，报价相同时则依据技术指标优劣进行排序，以此作为推荐成交候选供应商的重要依据。

询价采购的核心成交原则为最低报价法，即在所有实质性响应询价文件的报价中，选择最低报价的供应商作为首选成交候选或直接确定为成交供应商，体现了询价采购的高效与成本节约优势。

询价工作圆满结束后，询价小组需根据全体成员共同签署的原始询价记录与询价结果，编纂详尽的评审报告，全面总结询价过程与评审结果。最后，采购人应在收到评审报告后的三个工作日内，依据报告中推荐的成交候选供应商的顺序，正式确定成交供应商；或者，采购人也可事先以书面形式授权询价小组直接行使此权力，确保询价采购流程的顺畅与高效。

第三章

政府采购程序

第一节　政府采购的程序分析

一、确定采购需求

采购需求作为政府采购活动的基石，其核心在于精准描述采购标的的特征与期望目标，是确保采购流程高效、合规运行的关键环节。它不仅承载着预算执行的精度，更是发挥政府采购政策导向、促进公平竞争的重要载体，在采购活动的全链条中发挥着承上启下的枢纽作用。《政府采购货物和服务招标投标管理办法》明确界定了采购人作为采购需求的首要责任人，强调了通过深入的市场调研、价格预测等手段科学合理地界定采购需求的重要性，这要求采购人必须全面把握市场趋势、技术动态及价格水平，为采购决策提供坚实的数据支撑。

合规性、完整性与明确性是采购需求的三大支柱。合规性意味着采购需求必须严格遵循国家法律法规、标准规范及政策导向，如节能环保、中小企业扶持等；完整性则要求采购需求涵盖所有关键要素，包括但不限于功能目标、标准执行、质量安全、数量时间、服务要求、验收标准及技术细节等，除非因技术复杂性或项目特殊性无法详细界定；明确性则是确保采购需求表述清晰无歧义，便于供应商准确理解并响应。

技术规格作为采购需求的核心组成部分，其制定尤为关键且复杂。它不仅反映了采购方的基本需求，也是评审供应商响应情况的重要标尺。技术规格的编制需兼顾专业性与实用性，既要确保技术要求合理适度，避免资源浪费或功能不足，又要经过充分的前期论证，必要时引入外部专家咨询，确保技术规格既不过于严苛限制竞争，也不含任何倾向性或排斥性条款。此外，保持技术规格的保密性，避免提前泄露给供应商，对于维护采购市场的公平竞争至关重要。

然而，实践中技术规格的制定常面临诸多挑战，如时间紧迫、人员能力不足、缺乏专业支持、规格设置不当等，这些问题往往导致采购需求表述不清、标准不合理，进而影响供应商的响应积极性与采购结果的有效性。因此，采购人需高度重视采购需求的制定过程，投入充足资源，加强专业培训，引入多方参与，确保技术规格既科学又公正，为政府采购活动的成功实施奠定坚实基础。

二、政府采购预算

政府采购预算的编制与审批流程是一个严谨而系统的过程，旨在确保采购活动的规范性与资金使用的有效性。具体步骤如下：

首先，采购人作为预算编制的起点，依据下一年度的《政府集中采购目录及标准》，紧密结合本部门的实际需求，遵循既定的部门预算编制格式与标准，精心编制本单位的政府采购预算。这份预算不仅是采购计划的财务体现，也是部门整体预算不可或缺的一部分，随后需提交至一级预算单位进行汇总，以便形成更为全面的采购预算概览。

接下来，一级预算单位承担起汇总与上传下达的角色，将收集到的政府采购预算统一上报至财政部门，为后续审核工作奠定基础。

财政部门作为核心审核机构，对上报的政府采购预算实施"二上二下"的严格审核流程。在这一阶段，财政部门细致审查预算的合理性、合规性及与部门需求的匹配度，确保预算内容既符合政策导向，又满足实际需求。对于通过审核的预算，财政部门将其纳入本级年度部门预算草案；对于未通过审核的预算，则及时反馈书面修改意见，要求采购人据此调整并重新提交审核。

预算草案形成后，需进一步提交至同级人民政府进行审批。人民政府从全局视角审视预算的合理性与可行性，若审批未获通过，将出具体审批意见，财政部门据此向相关采购人反馈，采购人则需根据意见修改预算并重新提交审批。

获得人民政府审批通过后，财政预算编审部门再将包含政府采购预算在内的部门预算提交至同级人民代表大会进行审议。人民代表大会对预算进行最终审议，若审议未通过，同样会出具审议意见，财政部门需将意见传达给采购人，采购人继续调整预算并重新报审。

一旦政府采购预算获得同级人民代表大会的审议通过，财政部门便正式将其随同部门预算一并批复下达给采购人，这标志着采购活动进入实质性准备阶段。

此外，考虑到实际情况的变动，采购人若需调整政府采购预算，必须提出正式的书面申请，由一级预算单位汇总后上报财政部门。财政部门在初审后，还需逐级上报至同级人民政府审批，并最终提交同级人民代表大会审议。待审议通过后，财政部门将调整方案正式批复给采购人，确保采购活动的灵活性与适应性。这一系列的调整流程同样遵循严格的审核与审批机制，以确保预算调整的合理性与必要性。

三、政府采购计划

（一）政府采购计划管理的基本程序

政府采购计划管理是一个系统性流程，旨在确保采购活动的有序进行与资金的有效利用。其基本程序细致而严谨，具体包括以下步骤：

首先，采购人作为执行主体，需严格按照财政部门先前下达的政府采购预算，细致编制《政府采购计划申报表》。此表不仅需详尽列出采购项目的具体内容与规模，还需明确采购资金来源、预期效益等关键信息，为后续审核工作提供全面依据。

随后，采购人需将精心编制的采购计划正式上报至同级财政部门，以启动审核流程。这一步骤标志着采购计划正式进入官方审查阶段，为后续实施奠定了坚实基础。

财政部门在收到采购计划后，会交由其业务主管部门进行初步审核。业务主管部门将依据相关政策法规、预算执行情况等因素，对采购计划的合理性、合规性进行全面评估，并签署审核意见。若审核未通过，业务主管部门将出具详细的审核意见，明确指出存在的问题与改进方向，采购人则需根据这些意见对采购计划进行相应调整，并重新提交至财政部门进行复审。

在业务主管部门审核通过后，政府采购监督部门将接过接力棒，依据本年度《政府集中采购目录及标准》，对采购计划的预算安排、项目配置及技术标准等核心要素进行深度审核。这一环节旨在确保采购计划不仅符合预算要求，还能有效满足实际需求，同时避免资源浪费与标准偏离。若监督部门审核发现问题，同样会出具具体审核意见，并指导采购人进行调整优化。

最终，在政府采购监督部门审核无误后，将正式确定政府采购的组织形式与具体采购方式，并向采购人下达《政府采购计划下达函》。此函件不仅标志着采购计划的正式获批，还明确了后续采购活动的具体操作路径。同时，财政部门还会将相关情况抄送业务主管部门，以便各部门间信息共享与协同工作，共同推动政府采购计划的顺利实施。

（二）政府采购计划管理的特殊程序

在政府采购实践中，对于超过公开招标限额标准的采购项目，原则上应采用公开招标方式以确保采购过程的公开透明与充分竞争。然而，鉴于部分采购项目的特殊性质，可能不适宜采用公开招标方式，此时采购人需在申报政府采购计划的同时，向政府采购监管部门提交《政府采购方式变更审批表》，并详细阐述变更采购方式的理由及相应依据。政府采购监管部门将对这些申请进行严格审核，若认为申请理由充分且合理，将批准变更采购方式的执行。

针对政府采购计划下达后因特殊情况未能执行的情况，采购人需主动向财政部门提交书面报告，明确阐述未执行政府采购计划的具体原因及理由。政府采购监管部门在收到报告后，将依据实际情况进行审核，若确认属于采购任务取消的情形，将依法撤销该政府采购计划，确保采购活动的规范性与灵活性并存。这一过程体现了政府采购管理对实际情况变化的适应性调整，旨在保障采购活动的高效有序进行。

四、政府采购执行

（一）政府采购的组织形式

我国政府采购实行集中采购和分散采购相结合的组织形式。

1. 集中采购

集中采购的范围明确界定，由省级及以上人民政府通过正式渠道公布集中采购目录，这一举措旨在规范政府采购行为，提高采购效率与透明度。对于隶属于中央预算的政府采购项目，其集中采购目录的制定与公布权归属于国务院，体现了国家层面对此类采购活动的统一管理与指导。而地方预算下的政府采购项目，则由各省、自治区、直辖市人民政府或其依法授权的机构负责确定并公布相应的集中采购目录，确保了地方采购活动的灵活性与适应性。

当采购项目被纳入政府集中采购目录后，其采购方式依据项目的具体特性细分为以下三种情形：

首先，对于那些既在集中采购目录之内又被广泛认定为通用的政府采购项目，严格规定必须委托专门的政府集中采购机构来执行采购任务。例如，在中央层面，中央国家机关政府采购中心便承担起中央财政经费支持项目的集中采购职责。这里所指的"通用项目"，依据《中华人民共和国政府采购法实施条例》（以下简称《政府采购法实施条例》）的明确界定，是指那些在技术规格、服务标准上实现统一，且被多数采购人普遍采用的项目，这类项目多涉及跨部门的通用货物及常规性服务项目，通过集中采购能有效整合采购需求，实现规模效应。

其次，针对那些虽属本部门、本系统范畴内但具有特殊采购需求的项目，鼓励并倡导实施部门集中采购模式。这类项目由于业务性质的独特性，可能并不适合跨部门的集中采购，但在其特定部门或系统内却展现出一定的通用性。部门集中采购不仅能够利用部门自身对业务需求的深刻理解与丰富的采购经验，还能有效整合资源，形成采购规模，从而降低成本、统一标准，并更好地服务于采购人的特定需求。以外交部门为例，虽然普通打印机属于通用设备范畴，但外交部门专用的打印设备因其特殊的技术要求，更适合通过部门集中采购来实现，这样既保证了采购的专业性与针对性，又避免了集中采购可能带来的不适应性。

最后，对于少数确因本单位特殊需求而无法通过集中或部门集中采购满足的项目，经过省级以上人民政府相关部门的严格审核与批准后，允许采购单位自行组织采购活动。这一灵活性安排旨在满足特殊情况下的采购需求，如某高校因教学科研特殊需求而需要定制化计算机设备时，便可通过申请自行采购来确保采购活动的顺利进行。然而，自行采购并不意味着随意采购，而要在严格遵循相关法律法规及审批流程的前提下进行，以确保采购活动的合规性与有效性。

2. 分散采购

对于政府集中采购目录之外的采购项目，实施分散采购机制，赋予了采购人更大的自主权和灵活性。在分散采购框架下，采购人可根据自身实际情况选择适宜的采购方式。若采购人具备相应的招标能力，即符合《政府采购法》及《招标投标管理办法》中明确规定的条件——拥有编制招标文件、组织招标活动的能力，以及配备与采购项目专业需求相匹配的专业人员，则可自行组织货物与服务的招标采购工作。这一规定旨在鼓励采购人充分利用内部资源，高效、专业地完成采购任务。

对于涉及工程领域的招标采购，采购人若欲自行组织，则需严格遵循《招标投标法》所确立的自行招标资格条件。这意味着采购人不仅须具备编制招标文件和组织评标的专业能力，还需确保在自主办理招标事宜时不受任何非法强制委托代理的影响。对于依法必须招标的项目，若采购人选择自行招标，还需向相关行政监督部门履行备案手续，以确保招标活动的合规性与透明度。

然而，当采购人评估自身不具备组织招标采购所需的能力时，委托专业代理机构成为一个明智的选择。招标代理机构作为专业的第三方服务提供者，不仅拥有丰富的招标经验和专业知识，能够在招标文件的编制、招标过程的组织、评标标准的设定等方面提供专业支持，还能凭借其相对客观公正的立场，有效避免潜在的利益冲突，确保招标采购活动的公平性与公正性。因此，即使采购人具备自行招标的条件，出于专业性与效率的考量，委托代理机构进行招标采购也不失为一种优选方案。

（二）政府采购的采购方式

我国政府采购体系提供了多元化的采购方式，主要包括公开招标、邀请招标、竞争性谈判、竞争性磋商、询价、单一来源采购，以及由国务院政府采购监督管理部门特别认定的其他采购形式。其中，公开招标作为政府采购的核心方式，被广泛应用于达到公开招标数额标准的项目，以确保采购过程的公开透明与充分竞争。然而，对于依法应当采用公开招标但因特殊情形需变更采购方式的项目，采购人必须事先获得设区的市、自治州及以上级别人民政府采购监督管理部门的明确批准，方可实施替代采购策略。

对于未达到公开招标限额标准的采购项目，采购人则享有更灵活的自主权，可依据采购项目的具体特性及政府采购相关法律法规的具体要求，灵活选择合适的采购方式，在实现采购目标的同时，确保采购活动的合法合规与高效执行。

（三）政府采购的执行程序

我国政府采购的执行程序包括：集中采购程序、招标采购程序、非招标采购程序。

五、签订政府采购合同

采购执行程序圆满结束，标志着采购活动的关键阶段已取得决定性成果。此时，采购人或其正式授权的代理机构将肩负起向中标（或成交）供应商正式传达喜讯的重任，通过发放中标（成交）通知书的方式，明确告知供应商其已成功赢得本次采购项目的合同授予权。这一通知不仅是对供应商辛勤努力与卓越表现的认可，也是采购双方即将建立正式合作关系的起点。

值得注意的是，中标（成交）通知书的发出并非采购流程的终结，而是后续合同签订工作的启动信号。根据政府采购的法定要求，采购人或其代理机构需在自中标（成交）通知书发放之日起的 30 日时间窗口内，积极行动起来，严格按照政府采购文件中事先明确界定的各项条款与条件，与中标（成交）供应商进行深入的合同谈判、细节确认，并最终签订具有法律约束力的政府采购合同。这一合同不仅详细规定了双方的权利与义务，还明确了项目的具体执行细节、质量标准、交付时间表、付款方式等关键要素，为采购项目的顺利实现与双方合作的顺利进行奠定坚实的法律基础。

六、组织履约验收

采购人或其委托的政府采购代理机构在供应商供货、工程竣工或服务结束后，组织开展履约验收。大型或者复杂的政府采购项目，应当邀请国家认可的质量检测机构参加验收工作。

七、资金结算

政府采购项目验收环节作为确保采购成果符合预期质量标准的重要步骤，其圆满完成标志着项目正式进入资金结算阶段。在这一关键节点，采购人需严格遵循既定的时间框架，及时向政府采购监管机构提交政府采购资金结算的正式申请。此申请不仅是对项目成功实施的确认，也是启动资金拨付流程的必要前提。

在提交资金结算申请的同时，采购人还需全面整理并报送一系列关键性文件资料，包括但不限于政府采购合同的副本、详尽的验收报告以及供应商开具的发票复印件等。这些资料构成了审核结算申请的重要依据，有助于政府采购监管机构全面了解项目执行情况，确保资金结算的准确无误。

政府采购监管机构在收到申请及附随资料后，将启动严格的审核程序，对提交的各项材料进行逐一核对与评估。一旦审核通过，监管机构将正式下达《政府采购确认函》，该函件不仅是对采购项目合规性与验收合格性的权威认证，也是后续资金支付流程启动的关键信号。

《政府采购确认函》随后将被抄送至财政国库集中收付部门，作为资金支付的重要凭证。财政国库集中收付部门在收到确认函后，将依据函件内容以及采购人提交的支付申请，再次进行核对与确认，确保所有信息的一致性与准确性。在确认无误后，国库集中收付部门将迅速启动资金拨付流程，直接将政府采购款项划转至供应商指定账户，从而高效、安全地完成整个政府采购项目的资金结算工作。这一过程不仅体现了政府采购管理的严谨性与规范性，也确保了政府采购资金使用的透明性与高效性。

八、采购活动的终止

在政府采购流程中，采购人或采购代理机构一旦对外发布了采购公告、资格预审公告或发出了投标邀请书，即标志着采购活动的正式启动与公开透明原则的践行。除非遭遇不可预见且影响重大的变故，导致原定的采购任务无法继续执行而不得不取消，否则，任何一方均无权擅自中断或终止已启动的采购活动。这一规定旨在维护采购市场的稳定性与供应商的合法权益，确保采购过程的严肃性与连续性。

若确因重大变故导致采购活动不得不终止，采购人或采购代理机构必须迅速而妥善地采取后续措施。首要任务是及时在原发布采购信息的媒体平台上发布终止公告，明确告知社会各界及所有潜在供应商采购活动的中止情况，确保信息的广泛传播，使所有潜在供应商及时知悉。同时，还需以书面形式逐一通知那些已经获取了采购文件、资格预审文件或受到投标邀请的供应商，详细说明采购终止的具体原因，以减少他们的不便与损失。

此外，采购人或采购代理机构还需将项目的实施进展情况及采购任务取消的深层次原因，详细报告给本级财政部门，以便上级部门了解实际情况，进行必要的监管与指导。对于在此过程中已收取的采购文件费用或投标保证金，采购人或采购代理机构负有明确的退还责任。他们应当在终止采购活动后的五个工作日内，无条件退还所有已收取的费用及保证金，并需一并支付这些资金在银行产生的利息，以此体现对供应商经济利益的充分尊重与保护。这一系列举措不仅是对采购活动终止后善后工作的规范，也是对政府采购公信力与透明度的重要维护。

第二节　招标采购的程序

一、招标

（一）招标准备

招标准备工作包括判断招标人的资格能力、制订招标工作总体计划、确定招标组织形式、落实招标的基本条件等。这些准备工作应该相互协调、有序实施。

1. 判断招标人的资格能力

招标人作为发起招标活动的主体，特指那些主动提出具体招标项目并据此发布招标要约邀请的法人实体或其他组织形式。值得注意的是，当招标人并非独立的法人单位，而是不具备法人资格的其他类型的组织时，该组织必须满足特定条件：它必须是依法登记成立的经济或社会组织，具备以自身名义独立参与民事法律活动的能力与资格。这类组织可能包括法人的分支机构，即法人主体下设立的、具有相对独立运作能力的部门或单位；也可能是法人依据法律法规设立的专门负责特定项目实施的机构，其虽非独立法人，但在授权范围内能够自主开展招标活动，确保招标过程的合法性与有效性。

2. 制订招标工作总体计划

根据政府采购需要或项目实施进度要求制订项目招标采购总体计划，明确招标采购内容、范围和时间。

3. 确定招标组织形式

在政府采购与招标实践中，招标活动的组织方式主要分为自行组织招标与委托代理招标两种模式。对于前者，招标人需严格遵循《招标投标管理办法》及《招标投标法》的相关规定，确保自身具备编制招标文件、组织招标活动及拥有与项目专业性相匹配的专业人员等能力与条件，方能自主开展货物、服务乃至工程项目的招标工作。这不仅是对招标人专业能力的考验，也是对招标过程公正性、透明度的基本要求。

而对于那些因资源、经验或专业能力所限，无法自行组织有效招标活动的招标人而言，委托专业的招标代理机构成为一个明智的选择。即便招标人自身具备招标能力，鉴于招标代理机构在专业招标服务、丰富从业经验和客观公正立场上的优势，委托代理招标往往能带来更高效、更专业的招标结果。《政府采购法》赋予了采购人自主选择采购代理机构的权利，严禁任何外部干预，确保了采购过程的自主性与独立性。

在委托招标过程中，需一系列严谨的条件与手续。首先，委托主体必须是合法的采购人；其次，需提供项目获批的有效文件作为依据；最后，双方需签订正式的委托协议，明确界定委托代理的范围、期限、双方的权利义务、服务费用标准及支付方式等关键条款。委托协议作为双方合作的基础法律文件，其详尽程度直接关系到后续招标活动的顺利进行。

具体而言，委托代理范围应广泛覆盖招标全过程，包括但不限于前期策划、文件编制与发售、现场踏勘、开标评标、合同拟定与签订等环节，确保代理机构能够全方位支持招标工作。代理期限则需明确起始与结束时间，以便双方合理安排工作计划。在权利与义务方面，合同应详细列出双方各自应承担的责任，确保合作过程中的权责清晰。

至于服务费用，招标代理服务收费实行政府指导价，具体标准在合理范围内浮动，且费用原则上由招标人承担，但双方也可根据实际情况在招标文件中预先约定由投标人支付。此外，合同还应涵盖变更解除条款、违约责任及争议解决机制等内容，以应对可能出现的各种情况，保障双方权益。总之，通过精细化的合同条款设计，委托招标活动得以在合法、有序、高效的轨道上运行。

4. 落实招标的基本条件

在维护招标投标市场秩序、保障各方当事人合法权益并提升招标投标活动效率的目标指引下，各类项目招标均需满足一系列严格而全面的基本条件。这些条件旨在确保招标过程的公正性、透明性以及项目的可行性与顺利实施。

首先，项目招标人作为招标活动的发起者，必须具备与项目性质、特点相匹配的资质条件，包括但不限于充足的资金储备、必要的技术支持、健全的管理体系与执行力量、明确的项目实施计划及遵守所有相关法律法规的承诺。此外，招标项目的具体内容、范围、条件、方式及组织形式必须事先获得相关项目审批部门或招标投标监督管理部门的正式核准，并完成所有法定程序，如项目规划、审批、核准或备案等，以确保项目的合法性与合规性。

针对工程施工招标，还需满足一系列特别条件，如项目设计工作的完成度需达到特定阶段（如初步设计、招标设计或施工图设计），并通过相关政府部门的审批；同时，必须确保施工图纸、技术标准及其他技术资料的完备性，以及施工所需外部条件的落实，如用地拆迁、场地准备、基础设施配套等，以保障工程施工的连续性与顺利进行。

对于工程总承包项目，其招标条件则依据总承包的不同阶段与方式而有所不同，但核心在于工程前期工作的完成度，如可行性研究报告、实施性工程方案设计或初步设计的批准，这是总承包项目得以顺利开展的基础。

货物采购招标方面，无论是工程用货物还是非工程货物，均须具备明确的设计图纸、技术规格或采购计划，并确保采购资金已获主管部门批准，以确保采购活动的有效性与针对性。

在服务招标领域，特别是工程勘察、设计、监理及项目管理等服务项目，招标条件同样严格。工程勘察与设计招标通常要求项目建议书或可行性研究报告的批准；而工程监理与项目管理招标则根据服务阶段的不同，可能需要可行性研究报告、实施性方案设计乃至项目建议书的批准，以体现服务招标对项目整体进展的紧密跟随与支撑作用。

（二）编制招标方案

在着手组织招标采购工作时，招标人需站在全局视角，精心策划并细致准备，以确保整个流程的有序性与高效性。基于前期充分的准备工作，招标人应紧密结合招标项目的独特性质与自身实际需求，严格遵循相关法律法规的要求，精心编制招标方案。这一方案不仅是招标活动的蓝图，也是指导后续工作的核心文件。

招标方案的编制需全面而深入，首先要明确招标的内容范围，确保所有关键要素无一遗漏；接着，根据项目的实际情况与招标人的管理能力，合理确定招标组织形式，选择最合适的招标方式；同时，科学划分标段，以优化资源配置，提高采购效率；在合同类型的选择上，需充分考虑项目的长期性、复杂性及风险性，确保合同条款既能保护双方利益，又能促进项目顺利实施。

此外，招标方案还应详细规定投标人的资质条件，确保参与竞争的供应商具备相应的专业能力与信誉保障。在明确招标工作目标的基础上，招标人需合理规划工作顺序与时间节点，确保各环节紧密衔接，不出现延误或脱节。为实现这一目标，招标人还需将招标工作任务细化分解，落实到具体责任人，并配以相应的资源支持、技术支持与管理措施，为招标工作的顺利进行提供坚实保障。

值得注意的是，对于依法必须招标的工程建设项目，其招标范围、招标方式与招标组织形式的确定尤为关键。这些要素不仅关系到项目的合规性，也直接影响到采购结果的质量与效益。因此，招标人必须严格按照法定程序，将相关事项报请项目审批部门核准或向招标投标监督部门备案，确保招标活动的每一步都经得起法律的检验。通过这一系列严谨而细致的准备与规划工作，招标人将能够更加自信地组织实施招标采购活动，为实现项目目标奠定坚实基础。

（三）编制招标文件

1. 招标文件的编制程序

在筹备招标采购项目的过程中，招标机构需精心组织一支高效的专业团队，团队成员不仅涵盖具备丰富经验的工作人员以负责常规招标文件的编制，还需针对复杂的新项目，特邀技术专家与行业主管部门人员参与，共同进行深入的审查与论证，确保招标文件的科学性与严谨性。随后，团队需全面研究项目要求，细致梳理项目背景、技术规格、商务条款以及财政部门的采购批准标准，为后续工作奠定坚实基础。

与此同时，团队成员需主动学习并掌握与招标项目紧密相关的国家法律法规及行业政策，确保招标活动的合法合规性。此外，通过积极与行业主管部门沟通，了解最新的行业管理要求，并结合广泛的市场调研，准确把握市场动态与竞争态势。

在此基础上，招标机构与委托方紧密合作，共同明确对投标人的资格准入门槛、技术实力及商务条件的具体要求，确保吸引到的投标人能够高质量满足项目需求。随后，双方协同制定详细的评标体系，包括明确的评标内容、科学合理的评标方法及公正透明的定标原则，为后续的评审工作提供明确指导。

最终，依据上述所有准备工作，招标机构精心制作招标文件，确保文件内容全面、准确、清晰，既体现项目的实际需求，又符合法律法规与行业规范，为招标采购活动的顺利进行奠定坚实基础。

2. 招标文件的主要内容

在精心策划与组织采购活动时，采购人或其委托的代理机构承担着编制招标文件的重任，这一环节对于确保采购过程的公正性、透明性及项目需求的精准对接至关重要。招标文件作为采购活动的核心指导文件，其内容的全面性与准确性直接关系到后续招标、投标、评标及合同签订的顺利进行。

具体而言，招标文件需详尽涵盖多个关键要素，首先以招标公告或投标邀请书为开篇，明确告知潜在投标人项目信息，吸引符合条件的供应商参与竞争。紧接着，投标人须知部分详细阐述了投标文件的准备要求，包括文件的密封、签署、盖章等具体规定，确保投标文件的合规性。同时，资格与资信证明文件的要求明确了投标人的准入门槛，保障了参与者的专业性与信誉度。

为积极响应政府采购政策，招标文件还需明确采购标的需满足的特殊要求及投标人需提供的相应证明材料，促进政策目标的落实。在投标文件的编制、报价及保证金交纳方面，文件详尽规定了各项操作细则，包括不予退还保证金的特定情形，既保护了采购人的权益，也规范了投标人的行为。

此外，采购项目的预算金额、最高限价（如适用）、项目概况、技术规格、服务标准、验收要求等核心信息均在文件中清晰列出，辅以必要的附件与图纸，为投标人提供了全面而准确的项目背景资料。同时，拟签订的合同文本预览、项目时间表、资金支付方式等条款的明确，有助于投标人精准评估项目成本与风险，制定合理的投标策略。

尤为重要的是，针对评标方法与标准、投标无效情形、投标有效期等关键环节的详尽说明，为后续的评审工作提供了明确指引，确保了评审过程的公正与高效。此外，文件还明确了代理机构费用的收取标准与方式，以及投标人信用信息的查询、使用规则，进一步提升了采购活动的透明度与诚信度。

值得注意的是，对于招标文件中不允许偏离的实质性要求和条件，采购人或代理机构需以醒目的方式特别标注，确保所有投标人均能准确理解并严格遵守，从而保障采购活动的严肃性与权威性。通过这样全面而细致的招标文件编制工作，采购人或代理机构能够有效引导采购活动朝着预期目标顺利推进。

3. 招标文件的确认

招标文件制作完成后，招标代理机构应向委托方全面介绍招标文件内容，如双方意见不一致，应协商取得共识。之后，招标代理机构将最终的招标文件交委托人确认，委托方确认方式应为委托方代表签字并加盖公章。

4. 招标文件的修改

在招标文件的修改过程中，必须遵循一系列严格的原则以确保其合法性与有效性。

首先，任何对招标文件的修改内容均须获得采购人的明确确认，因为这些修改文件作为招标文件不可或缺的组成部分，其内容的变更直接影响到招标活动的整体框架与要求。

其次，修改工作必须在法定时间框架内进行，具体而言，招标采购单位若需对已发布的招标文件进行澄清或调整，必须确保这一动作发生在招标文件规定的提交投标文件截止日期前的至少15天。若因修改导致剩余时间不足15日，采购单位有义务相应推迟投标文件的截止时间，并通过书面形式正式通知所有参与投标的供应商，确保每位投标人均享有充足的准备时间。

再次，通知的发送需做到及时且全面，即招标文件的修改信息必须在法定时限内无差别地传达给所有投标人，避免任何形式的针对性或排他性操作，以维护公平竞争的市场环境。

最后，修改后的文件内容亦需严格遵守对招标文件的原有的各项要求，包括但不限于格式规范、条款合理性、法律合规性等，任何偏离都可能引发对其合法性的质疑，进而影响招标活动的整体效力和结果的可信度。

综上所述，招标文件的修改是一项需谨慎对待的工作，必须严格遵循上述原则，确保招标活动的顺利进行与招标结果的公正有效。

（四）编制标底

1. 标底的意义

标底也称预定价格，是指采购人对采购项目可接受的最高采购价格。标底由采购人编制，并密封保存至评标时方可公开。标底是采购预算的具体化。一方面，采购人通过编制标底可以对招标项目的价格进行有效控制，对高于标底的投标有权予以拒绝；另一方面，通过编制标底，采购人可以更具体地了解市场情况，从而避免招标的盲目性。

2. 标底的编制方法

在编制标底的过程中，确保其与招标项目已批准的预算保持一致性是至关重要的原则。这意味着采购方所设定的标底金额必须严格控制在预算框架之内，不得有任何超越，以确保财务纪律的严肃性与项目经济性的维护。若标底预算因特殊原因不慎超出原定限额，采购方必须立即启动法定程序，对预算进行相应的调整与变更，待获得正式批准后，方可继续推进招标活动，此举旨在避免超支风险，保障项目资金的合理运用。

在标底的具体编制实践中，多种因素需被纳入综合考虑范畴，以确保标底的合理性与科学性。首先，对于市场供求关系稳定、价格信息透明的商品或服务，市场价格自然成为编制标底的首要参考基准。这里的市场价格应优先参考权威统计机构发布的官方数据，以确保其公正性与权威性。若同类产品市场中存在多个品牌且价格各异，选择其中价格适中、具有代表性的品牌作为标底参考，有助于平衡质量与成本，实现采购效益最大化。

其次，对于受到政府价格管制的商品或服务，其管制价格直接成为标底设定的依据。这一做法遵循了法律法规要求，确保了标底设定的合法合规性，同时也反映了国家对特定市场领域的调控意图。

再次，当市场价格信息难以获取或存在不确定性时，交易实例价格成为标底编制的重要参考。通过回顾分析过往类似交易案例的价格水平，可以为当前标底的设定提供有价值的参考依据，帮助采购方更加贴近市场实际，避免价格设定的盲目性。

最后，针对新开发产品、特殊规格品等特殊商品或劳务，由于其独特性与稀缺性，往往缺乏可直接参考的市场价格或交易实例。在此情况下，采用成本加利润的方法来确定标底成为一种可行的选择。通过对商品或劳务的生产成本进行详细核算，并合理加计必要的利润空间，可以较为准确地估算出其合理价格范围，从而为标底的设定提供有力支持。这种方法不仅体现了对商品或服务真实价值的尊重，也确保了采购方在成本控制与质量保证之间的平衡。

3. 编制标底的程序

一个严谨而规范的标底编制流程，是确保标底质量、维护招标活动公平性与透明度的基石。在实际操作中，这一流程通常遵循一系列精心设计的步骤来执行：

首先，明确编制团队的人员构成是至关重要的第一步。为了确保标底的专业性与准确性，编制小组通常由 2 至 3 名具备深厚采购业务背景、秉持客观公正态度且责任心强的工作人员组成。这些成员不仅需对市场动态有敏锐的洞察力，还需能够精准把握项目需求，为标底的合理设定奠定坚实基础。

其次，市场调查成为编制标底不可或缺的关键环节。无论采购项目的性质与规模如何，深入细致的市场调研都是必不可少的。通过广泛收集行业数据、分析竞争对手策略、评估供应商报价等方式，编制人员能够更全面地了解市场供需状况，为标底的制定提供可靠的市场依据。这一过程不仅有助于确保标底的市场适应性，还能有效避免价格设定的盲目性与随意性。

再次，在充分掌握市场信息的基础上，编制和确定标底的工作随即展开。标底的制定需紧密围绕采购项目的实际需求进行，既要考虑项目的总成本预算，也要兼顾合同的持续性与履行条件。对于涉及长期合作或分期履行的合同，如制造修理、加工、买卖、供给、使用等类型的合同，标底可以灵活采用单价形式进行设定，以更好地适应合同的动态变化特性。通过精确计算与合理估算，编制人员最终确定出一个既符合项目要求又贴近市场实际的标底价格。

最后，为确保标底的保密性与安全性，编制完成的标底需进行密封处理，并交由委托的招标代理机构妥善保存。这一步骤对于维护招标活动的公正性与防止信息泄露至关重要。招标代理机构作为专业的第三方服务机构，将严格按照相关法律法规及合同约定履行保密义务，确保标底在评标阶段之前不被任何非授权人员接触或泄露。

4. 标底与控制价的区别与联系

标底与控制价作为招标过程中的关键要素，虽同源于招标人的设定，但在性质、作用及公开性方面存在显著差异，同时也紧密相连，共同构成了招标工程价格管理的重要框架。

标底，作为招标工程的预期价格，是招标人基于项目实际情况与市场调研，对拟建工程所需资金额度的预估，它直接反映了招标单位在财务上的承诺与责任边界。在我国国内工程施工招标中，标底被严格限定在经批准的工程概算或修正概算范围内，其核心价值在于为招标人提供一个衡量投标报价合理性的基准，同时作为招标人对工程的心理价位，在评标过程中发挥参考作用，但绝不直接决定中标结果。标底的这一特性决定了其必须保持高度的保密性，以确保评标过程的公正与公平。

相比之下，控制价，或称拦标价、预算控制价，则是招标人在工程发包阶段，依据相关计价规定计算得出的工程造价上限。它明确设定了投标报价的最高界限，任何超出此价的投标均被视为无效，从而有效避免了恶意竞标与不合理报价，保障了招标工程的成本可控性。与标底不同，控制价是公开透明的，旨在让所有潜在投标者明确知晓价格上限，促进市场的充分竞争。

尽管标底与控制价在性质与公开性上有所不同，但二者均体现了招标人对工程项目价格管理的重视与精细化操作。它们共同作用于招标过程的不同环节，相互补充，共同构成了招标工程价格管理的完整体系。标底作为心理价位与评标参考，为招标人提供了灵活的价格评估空间；而控制价作为刚性约束与市场竞争的标尺，确保了招标工程的成本效益与市场竞争的公平性。在这一体系中，招标人通过精心编制与合理运用标底与控制价，实现了对工程项目价格的有效管理与控制。

5. 是否必须编制标底

《工程建设项目施工招标投标办法》（七部委〔2023〕30 号令）第三十四条明确指出，招标人在组织施工招标活动时，拥有根据项目特性灵活选择是否编制标底的自主权。若决定编制标底，则整个编制过程及标底本身均须严格保密，以维护招标的公正性与竞争性。该条款还进一步放宽了限制，允许招标项目在不设标底的情况下进行，即推行无标底招标模式，为招标实践提供了更多的灵活性与创新性选择。此外，《国务院办公厅关于进一步规范招投标活动的若干意见》（国办发〔2004〕56 号）文件积极响应了这一趋势，明确倡导并鼓励实施合理低价中标策略与无标底招标方式，旨在通过市场机制的有效运作，促进资源的优化配置，降低采购成本，同时提升招投标活动的透明度和效率。

（五）发布招标公告（或者发出投标邀请书）

1. 定义

招标公告作为招标活动正式启动的标志，是由招标人或受其委托的招标代理机构面向全社会公开发布的重要信息载体，旨在广泛邀请潜在投标人参与投标竞争，是公开招标流程中不可或缺的一环。相较于招标公告的广泛性，投标邀请书则体现了邀请招标的定向性特点，它是招标采购机构针对特定供应商群体发出的正式法律文件，明确邀请其参与特定的投标活动。投标邀请书的发放方式灵活多样，虽以信函形式最为传统和常见，但在实际操作中，为了适应现代通信技术的发展，公告、电子邮件、电报等高效便捷的通信手段也被广泛应用于邀请书的发送，以确保邀请信息的及时传达与接收。

2. 发布招标公告的方式及时间

公开招标活动需严格遵循政府采购监管机关的规定，通过指定的报纸、杂志及网络等媒体渠道，及时、广泛地发布招标公告，以确保信息的公开透明与广泛传播。此举措旨在给予潜在投标人充足的时间获取招标详情及相关文件，便于其充分准备投标工作。据此，采购人或其委托的代理机构需在招标公告中明确指定提供招标文件的具体时间与地点，且该提供期限自公告发布之日起不得少于 5 个工作日，以体现对投标人权益的尊重与保障。若在此期限内，符合条件的潜在投标人数量未达三家，可适当延长文件提供时间，并通过公告形式通知所有潜在投标人。

对于实施资格预审的公开招标项目，招标公告与资格预审公告可合二为一发布，以简化流程、提高效率。同时，通过资格预审的供应商将有权获得完整的招标文件，确保后续投标活动的顺利进行。

值得注意的是，招标公告的发布时间亦需遵循法律规定，为供应商预留足够的准备时间。国际上，如世界银行就规定了从公告发布到投标截止的最短期限，而我国的《招标投标法》也明确规定了自招标文件发出至投标截止的最短时间为二十日，以保障招标活动的公平性与有效性，促进市场竞争的充分展开。

3. 招标公告（资格预审公告或者投标邀请书）的内容

招标公告与投标邀请书，作为要约邀请的正式文书，旨在向潜在供应商传达采购意向，激发其投标兴趣。这些文件需精炼而全面地概述招标项目的核心信息，包括但不限于：采购主体（即采购人及其委托代理机构）的名称、地址与联系方式，确保沟通渠道畅通无阻；明确资金来源、预算额度及是否设定最高限价，为投标人提供财务参考框架；详细阐述采购需求，涵盖货物名称、数量、交货地，工程项目概况、施工地，或所需服务性质与提供地点等关键要素；同时，提出对供应时间、工程竣工时间或服务提供时间表的期望或要求，以便投标人合理安排计划；此外，明确投标人的资质门槛，确保参与者的专业性与可靠性；告知获取招标文件（或资格预审公告、投标邀请书）的具体途径与地点，并说明招标文件的费用标准及支付方式（需注意的是，资格预审文件通常免费提供）；指定提交投标文件（或资格预审文件）的地点、截止时间，以及投标保证金的数额要求与支付方式，确保投标流程的规范与严谨；最后，公布开标的具体日期、时间及地点，明确公告的有效期限，并附上联系人的详细信息，以便投标人在需要时能及时获取帮助或消除疑问。这一系列信息的清晰呈现，为招标活动的顺利进行奠定了坚实基础。

（六）资格审查

1. 资格预审

（1）资格预审的方式

资格预审作为招标过程中的重要环节，存在两种主要实施方式。其一为一般性资格预审，此方式下，招标采购机构通过公开渠道发布招标公告，对有意参与投标的供应商进行广泛而基础性的资格审查。此过程旨在筛选出符合基本条件的供应商，使得所有通过一般性审查的供应商均有资格进一步参与政府采购项目的投标竞争。

而另一种更为精细化的资格预审方式，即特定的资格预审，则是本节讨论的重点。在此模式下，招标采购机构同样先行发布招标资格预审公告，但随后会针对有意向的供应商发售专门的资格预审文件。供应商需依据文件要求提交详尽的资格预审材料，随后由招标采购机构组织专业的资格预审专家组，对这些材料进行深入细致的审查与综合评估。这一过程不仅考察供应商的基本资质，更侧重于对其专业能力、过往业绩、履约能力等多方面的综合评判，旨在从众多申请者中精选出一定数量、具备高度竞争力的供应商参与最终投标。因此，通过特定资格预审的供应商数量有限，但均为经过严格筛选的高质量参与者，能够确保政府采购项目的顺利实施与高质量完成。

（2）资格预审的内容

资格预审流程全面覆盖了供应商的两大核心资质评估维度：基本资格预审与专业资格预审。基本资格预审聚焦于供应商的合法经营基础与信誉状况，核查其是否完成工商注册、财务状况稳健、无破产记录，以及是否存在违法违纪行为等，旨在确保参与投标的供应商具备合法合规的经营背景与良好的商业信誉。而专业资格预审则进一步深入考察供应商在特定采购项目上的履约能力，涵盖其过往项目经验、类似合同业绩、市场信誉、人员配置、机械设备配备、施工方案设计、财务实力以及售后服务网络布局与人员结构等多个方面，综合评估供应商是否具备高效执行采购项目所需的专业实力与服务保障体系，从而筛选出既合法合规又专业可靠的供应商参与竞争，为采购项目的顺利实施奠定坚实基础。

（3）资格预审的程序

资格预审作为招标流程中的重要环节，其严谨性与公正性直接关系到后续招标活动的顺利进行及采购项目的成功实施。整个预审过程从资格预审文件的精心编制开始，这份文件既可由采购人独立完成，也可借助专业的研究、设计或咨询机构的力量共同编写，以确保其内容的全面性与专业性。文件内容详尽，涵盖了资格预审的邀请须知、申请人资格要求、审核标准与方法、申请文件格式要求、提交方式及截止时间等关键信息，同时还明确了信用信息查询的具体规定，旨在构建一个透明、公正的评估体系。

随后，通过官方媒体发布资格预审公告，广泛邀请潜在供应商参与，确保了信息的公开性与广泛性。在公告发布后，采购人需及时且免费地向申请人提供资格预审文件，鼓励更多符合条件的供应商积极应标。申请人则需严格按照公告规定的时间提交预审申请，任何逾期提交的申请均将被拒绝，体现了预审过程的时效性与规范性。

资格评定阶段，采购人组织由专家组成的预审小组，依据预审文件中既定的标准与方法，对申请人提交的资格预审文件进行细致审查，确保只有真正具备项目实施能力的供应商能够进入投标环节。这一过程不仅是对供应商能力的全面考量，也是对招标活动公平性的有力维护。

预审结果揭晓后，采购机构需向所有申请人发出预审合格或不合格的通知书，明确告知其资格状态。值得注意的是，《招标投标管理办法》第十七条对此类活动提出了明确限制，禁止将企业规模条件或特定授权作为资格门槛，旨在消除歧视性待遇，促进公平竞争。

面对资格预审结果，供应商享有提出异议的权利。若对预审结果不满，供应商可要求采购机构进行复审，并对复审结果保留向政府采购监管部门投诉的渠道，这一机制为供应商提供了必要的救济途径，进一步增强了资格预审的公正性与可信度。综上所述，资格预审不仅是一个筛选过程，更是一个体现法治精神、维护市场秩序的重要环节。

2. 资格后审

针对潜在投标人数量有限的采购项目，资格后审作为一种灵活高效的审查方式被广泛应用。在此模式下，所有成功获取招标文件的供应商均被赋予投标资格，无需事先通过资格预审程序。投标时，供应商需同时提交完整的投标文件及资格预审相关材料，这一安排确保了审查的全面性与即时性。随后，评标委员会作为核心审查机构，首先对提交的资格预审材料进行严格审查，依据既定标准判断投标人的资质是否符合要求。只有通过资格审查的投标人，方有资格进入后续的评标程序，参与项目竞争的深入评估；而未能通过资格审查的投标人，则将被排除在评标程序之外，无法继续参与项目竞标。值得注意的是，资格后审的审查内容与资格预审大体保持一致，均涵盖了供应商的基本资格、专业资质、履约能力等多个关键维度，确保了审查标准的统一性与连贯性。

（七）邀请招标供应商名单的产生

在邀请招标方式下，确定潜在供应商名单的路径多样且规范。首先，可通过公开发布资格预审公告的方式，广泛征集符合条件的供应商；其次，可便捷地从省级及以上人民政府财政部门维护的供应商库中直接挑选；最后，采购人或其委托的代理机构亦有权依据书面推荐来锁定潜在供应商。这三种途径任选其一，均旨在构建一份合格的供应商名录。随后，若采用资格预审公告征集法，则需严格遵循预审文件中既定的标准与流程，对潜在投标人进行资质审核；而若选用后两种途径，则需确保备选供应商的总数至少为计划随机抽取数的两倍，以保障选择的充分性与多样性。

"随机抽取"作为选定最终受邀供应商的关键环节，其核心在于确保所有满足条件的供应商享有平等的机会，通常通过抽签等透明方式实施。此过程须有至少两名采购方人员现场监督，确保公正无偏，并详细记录抽取结果，作为采购档案的一部分妥善保存。最终，投标邀请书将同步送达所有被选中的供应商手中，标志着邀请招标流程的正式启动。

（八）发售招标文件

招标文件的发售环节严格遵循特定规则与流程。对于实施资格预审的项目，招标文件仅向顺利通过预审的投标人发售；而采用资格后审方式的，则向所有表达购买意愿的供应商开放。在邀请招标的情形下，招标文件则定向发送给收到投标邀请书的特定供应商。发售时间方面，必须严格遵循招标公告或投标邀请书中明确指定的时间段，且该时间段不得短于五个工作日，以确保潜在投标人有充足的时间准备。至于发售方式，招标文件既可通过现场直接购买，也可选择信函邮寄或电子邮件等远程方式，灵活便捷。实践中，无论是公开招标还是邀请招标，供应商往往倾向于派遣代表亲自前往招标机构购买文件，以获取第一手资料。招标采购机构在发售招标文件时需进行详细登记，对每位投标单位独立建档，并严格遵守保密原则，保护投标人的商业秘密。关于费用问题，招标文件可合理收取一定费用，但此费用必须严格控制在编制文件的实际成本范围内，避免给投标人造成不必要的经济负担。

二、投标

（一）索取招标文件

招标文件是投标人编制投标文件的依据。因此，供应商如欲参加投标，首先必须索取招标文件，了解招标的有关基本情况，详细研究招标文件的各项要求，以决定是否参加投标。

（二）投标前的准备

1. 招标文件的澄清

（1）书面澄清

书面澄清作为招标过程中的重要环节，旨在确保投标人对招标文件内容的准确理解与把握。在此过程中，需注意以下几点关键要求：首先，投标人的澄清请求必须以正式书面形式提出，包括但不限于信件、传真、电报、电子邮件等形式，且请求内容需具体明确，直接关联招标文件。此外，仅已获取招标文件的供应商方有资格提出澄清请求，否则采购人有权不予回应。其次，采购人对于招标文件的澄清亦应采取书面形式进行，既可自行操作，亦可委托或授权招标代理机构执行，但无论何种方式，澄清文件均须经采购人确认方为有效。未经授权擅自澄清者，若造成损失，责任由该代理机构承担。再次，澄清文件不仅需送达提出请求的供应商，还应广泛通知所有已索取招标文件的供应商，确保信息的公平传播，同时需对问题来源保密，维护投标活动的公正性。最后，澄清工作必须在法定时间框架内进行，投标人应在投标截止至少15日前提交书面疑问，采购人或代理机构则应在投标截止前7日内给予回复，并有权主动或在回应澄清时修改招标文件。此类澄清或修改内容将自动成为招标文件的一部分，对所有投标人具有同等约束力，投标人收到通知后需及时回函确认，以完成整个澄清流程的闭环。

（2）标前会议

标前会议，作为处理大型、复杂招标项目中招标文件澄清问题的一种高效方式，其核心价值在于提供了一个直接沟通的平台，使采购人能够面对面地与投标人深入交流，迅速且精确地解答投标人的各类疑问。此类会议的组织工作通常由专业的招标代理机构负责，他们会在会议前精心筹备，确保通知到所有已获取招标文件的潜在供应商，会议地点则根据实际需要灵活选择，既可以是招标代理机构所在地，也可在项目现场举行，以便于现场考察与直观交流。

会议流程严谨有序，由招标代理机构主持，引领会议顺利进行。会议伊始，采购人或其授权代表会详细介绍招标项目的背景信息、具体要求及投标人普遍关切的问题，帮助供应商全面了解项目概况与投标要点。随后，进入提问环节，供应商可就招标文件中存在的疑问提出具体问题，但需注意，提问内容应严格限定于招标文件范围之内，超出此范畴的问题采购人有权保留不答。在回答问题阶段，采购人会以清晰明了的态度逐一回应供应商的问题，无论是即时问答还是汇总后统一解答，都力求准确无误，避免产生歧义以致误导。

会议期间，招标代理机构的工作人员会细致记录会议全过程，包括会议时间、地点、参会供应商及其代表名单、主持人及采购人代表介绍、供应商提问及采购人答复等关键信息，确保会议内容的完整性与可追溯性。这份会议记录不仅是会议成果的体现，更作为招标文件的补充材料，与书面澄清文件具有同等法律效力。记录完成后，需由主持人、采购人代表及记录人共同签字确认，并根据记录内容整理成会议文件，经采购人审核无误并加盖单位印章后，正式发送给所有已获取招标文件的供应商，无论其是否实际出席会议，均享有获取会议记录的权利，以此保障所有投标人在信息获取上的平等性与公平性。

2. 现场踏勘

招标项目的现场环境条件，作为决定投标报价合理性及技术管理方案可行性的关键因素之一，对于工程项目及那些现场条件对投标结果具有直接影响的货物、服务项目而言，其重要性尤为突出。因此，招标人在编制招标文件时，必须明确标注现场踏勘的具体时间与地点，确保所有潜在投标人均能依据统一的时间安排与地点指引进行实地考察。这一步骤旨在帮助投标人全面了解项目现场的实际状况，从而作出更为精准、贴合实际的投标决策。

值得注意的是，招标人在组织现场踏勘活动时，应遵循公平、公正的原则，采取集体行动的方式，集中组织所有有意参与的投标人共同进行，严禁单独或仅针对部分投标人开展此类活动，以免破坏招标投标的公平竞争环境。同时，招标人还需周密部署，采取有效措施保护潜在投标人的商业秘密，如严格控制现场踏勘过程中的信息传递，避免泄露任何可能揭示投标人身份或数量的敏感信息，确保每一位投标人的权益得到平等尊重与保护。

此外，投标人作为现场踏勘活动的直接参与者，应主动承担起踏勘的责任与风险，并自行承担由此产生的相关费用。这一安排不仅体现了投标人的自主性与独立性，也是对其作为市场主体自我负责精神的体现。通过全面而深入的现场踏勘，投标人能够更加准确地评估项目实施的难度与成本，为编制出既具竞争力又切实可行的投标方案奠定坚实基础。

（三）编制投标文件

投标人在准备投标文件时，必须严格遵守招标文件的各项规定，确保投标文件对招标要求与条件做出全面而实质性的回应。文件格式需严格遵循招标文件所定格式，不得擅自更改，以维护招标活动的规范性与统一性。投标文件通常由商务、技术及价格三大核心板块构成，每一部分都承载着关键信息：商务部分涵盖投标函、唱标一览表及投标人资格、资信证明文件等，技术部分则详细阐述投标项目方案及说明，而价格部分则明确标出投标总价、单价等关键财务信息，所有数字均需细致核对，确保准确无误。

从法律视角审视，投标文件实质上是供应商向采购人发出的正式要约，承载着投标人的承诺与意愿。因此，对其内容的每一细节，无论是独立文件还是整体架构，均需严谨对待，不仅要加盖投标单位的官方印章，以示正式与权威，还须由投标单位的法定代表人或其正式授权的代表亲笔签署，以此确认文件内容的真实性与有效性，确保投标活动的严肃性与法律约束力。

（四）投标文件的密封和标记

投标人在完成投标文件的编制后，务必严格按照招标文件中的具体规定进行牢固的密封与清晰的标记工作。这一过程要求将投标文件的正本与副本分别独立密封于内层包封之内，随后再将这两部分共同封装于一个统一的外层包封中。在内层包封上，必须准确无误地标注出"投标文件正本"或"投标文件副本"的字样，以便于识别与区分。同时，在外层包封上，投标人需详细注明投标项目的全称、项目编号、投标人全称以及醒目的"开标前不得启封"的警示语，以确保投标文件的机密性与完整性直至开标时刻。尤为关键的是，外层包封的封口处必须加盖投标人的密封章，作为对密封有效性的官方确认。这一系列严谨的密封与标记步骤至关重要，不容忽视，因为历史上不乏因密封或标记不规范而导致投标文件被拒收的先例，给投标人带来了不必要的损失与遗憾。

（五）投标文件送达和修改

投标文件的送达与修改均需严格遵守招标文件的规定流程。首先，投标文件必须在规定的投标截止时间之前，准确无误地送达招标文件中明确指定的地点，任何迟交的投标文件都将被拒绝接收。在接收过程中，采购人或招标代理机构需细致检查投标文件的密封状态，对于密封不符合要求者，将直接拒收，并妥善保管已接收的密封完好的文件，同时向投标人出具收据作为凭证。此外，任何个人或单位均无权在开标前擅自启封投标文件，以确保投标活动的公正性与保密性。

关于投标文件的修改，投标人在投标截止时间之前享有撤回、补充或修改其投标文件的权利，但此操作必须以书面形式正式通知招标人。所有补充或修改后的投标文件均需按照招标文件的具体要求完成签署、盖章及密封手续，这些文件将作为原投标文件的补充部分，构成完整的投标文件体系的一部分。若在同一内容上存在多处表述不一致的补充或修改，则以最后提交的书面文件为准。然而，一旦超过投标截止时间，投标人将失去撤回、补充或修改投标文件的权利，任何此类尝试均将不被接受。

（六）投标保证金

投标人在参与投标活动时，必须遵循招标文件的规定，按时足额交纳投标保证金。此保证金作为投标人信誉的担保，旨在防止其在投标有效期内无故撤回投标、中标后拒绝签订合同或未缴纳履约保证金，从而保护采购人免受潜在损失。根据《中华人民共和国政府采购法实施条例》的规定，投标保证金的金额上限设定为采购项目预算的2%，体现了既保障采购人权益又避免投标人负担过重的原则。

投标保证金的缴纳方式灵活多样，包括但不限于现金、支票、不可撤销信用证、银行保函以及由保险公司或证券公司出具的担保书等，为投标人提供了选择的空间。然而，若投标人在投标有效期内擅自撤回投标、在接到中标通知后拒不签订合同或未缴纳履约保证金，或存在其他违规违纪行为，其投标保证金将依法不予退还。

相反，在合规情况下，投标保证金将及时返还给投标人。具体而言，当中标人顺利签订合同并缴纳履约保证金，且在整个过程中未有任何违规违纪行为，或对于未中标的投标人，采购机构均需在规定时间内退还其投标保证金。具体而言，未中标供应商的投标保证金应在中标通知书发出之日起5个工作日内退还，而中标供应商的投标保证金则应在政府采购合同签订之日起5个工作日内完成退还，这确保了资金流转的及时性与高效性。

三、开标和评标

（一）开标

1. 开标的含义及任务

开标作为招投标流程中的一个关键环节，标志着投标截止后招标活动正式进入下一阶段。在这一独立且至关重要的环节中，招标机构将严格按照既定程序，逐一启封所有于投标截止时间前妥善密封并送达的投标文件。此举不仅是对投标人提交工作成果的正式接收与展示，更是通过公开各投标人的投标报价，极大地增强了整个招标过程的透明度与公信力。开标阶段作为承前启后的桥梁，既是对前期招标准备与投标响应工作的总结与检验，也为后续的评标、定标等工作奠定了坚实的基础，确保了招投标活动的连贯性与公正性。

2. 开标时间和参加人员

开标活动的实施严格遵循招标文件所规定的时间、地点及操作流程，由招标机构在众目睽睽之下公开进行，尤其是在投标人代表的现场监督下展开，这种安排直接体现了招投标活动的透明与公正。尽管公证机关的监督亦不失为一种选择，但投标人作为直接利益相关者，其参与监督的积极性和效果往往更为显著，因为他们最为关切开标过程的公正性。

开标时刻通常紧随投标截止之后，此举旨在迅速锁定投标状态，保护投标人的合法权益免受因招标周期过长带来的不确定性影响，进而维持其正常的生产经营秩序。即时开标的优势在于加速了整个招标流程，提升了效率，同时也为投标人提供了便捷，减少了往返奔波的麻烦，节省了时间成本，并有效降低了操作失误的风险。

然而，在特定情境下，如招标文件内容调整、发现可能影响采购公正性的不当行为、面临质疑或诉讼、突发事件干扰或采购计划变更时，开标时间可适当延缓或推迟，以适应实际情况的变化。

此外，招标机构在开标前负有通知义务，需确保采购人及投标人代表知晓并有机会参与开标活动。值得注意的是，即便采购人或投标人未派代表出席，开标程序仍将继续进行，不受影响。而评标委员会成员则遵循规定，不参与开标环节，以确保各环节职能的独立与清晰界限。

3. 开标程序

开标活动由招标机构主持。招标机构应当指定一名工作人员为开标主持人主持开标活动，并指定监标、唱标和记录的工作人员。

（1）开标的程序

开标仪式在主持人的引导下，遵循既定程序有条不紊地进行。首先，主持人宣布开标正式开始，并重申开标纪律，确保现场秩序井然。随后，主持人公开通报在投标截止时间前成功提交投标文件的投标人名单，并逐一确认其是否派有代表出席。接着，主持人介绍开标、唱标、记录及监标等关键岗位的工作人员，明确各自的职责。

紧接着，招标监督人与投标人代表被邀请上前，共同检验投标文件的密封完整性，并即时公布检查结果，以体现开标过程的透明与公正。之后，进入核心环节——当众开标与唱标，投标人的名称、项目详情、报价、质量承诺、工期规划等信息被逐一公布并记录。若项目设有拦标价，此时亦会同步宣布。

唱标结束后，主持人给予投标人机会，就唱标内容提出任何疑问或异议，招标机构将即时予以解答。在确认无误后，投标人代表、采购人代表、监标人及记录人等共同参与开标记录的签字确认，标志着对开标核心内容的正式确认。

最后，主持人公布评标工作的后续安排，包括日程、询标时间地点及联系方式，以便投标人知晓并准备。随着这一系列流程的顺利完成，主持人正式宣布开标结束，整个开标过程由专职记录人员详尽记录，并由所有参与开标的关键人员共同签名，作为后续查询与存档的重要依据。

（2）开标应注意的问题

在开标环节，若遇投标文件中开标一览表（报价表）与明细表内容不符，优先以开标一览表为准；若大小写金额不一致，则以大写金额为准；总价与单价汇总不符时，依据单价计算结果为准；单价小数点错位则参照总价调整单价。对于多语言文本投标文件的解释争议，统一以中文文本为基准。

投标人代表若发现开标流程或记录存在疑问，或认为采购方及代理机构人员需回避，应立即提出询问或回避申请，相关方应及时响应并处理。

针对投标截止后供应商数量不足3家的情形，处理措施依据项目类型而异。对于货物及服务采购，若非因采购任务取消，则需评估招标文件合理性及程序合规性；若文件或程序存在问题，应整改后重招；若无误，则需经财政部门批准采取其他采购方式。而工程项目则严格遵循《中华人民共和国招标投标法实施条例》，投标人不足3家时不得开标，必须重新招标。在评标阶段，若符合专业条件或实质响应招标文件的供应商亦不足3家，可参照上述原则处理。

（二）评标

1．评标机构

评标委员会，作为确保招标公正性与专业性的核心机构，其构成与运作机制受到法律的严格规定，以确保招标过程的透明与高效。首先，在结构构建上，评标委员会力求合理均衡，汇聚采购人代表与来自技术、经济等多领域的专家，总人数设定为5人以上的单数，且专家占比不得低于总数的三分之二，以专业知识为决策基石。对于预算超千万、技术难度高或社会关注度大的项目，更是提升至7人以上单数，以应对复杂挑战。尤为重要的是，曾参与招标文件咨询工作的专家需回避，避免潜在偏见影响评标的公正性。

其次，在身份定位上，法律明确规定采购人及其代理机构成员不得直接以专家身份参与自身关联项目的评标，以防范利益冲突，维护评标独立性。同时，回避制度作为基本原则，要求与投标人有直接或间接利益关系的人员自觉退出，确保评标过程的纯净无染。

随机抽取机制则从程序上进一步保障了评标的公平性，规定从省级以上财政部门建立的政府采购评审专家库中随机挑选专家，减少人为干预空间。然而，对于某些高度专业化、技术复杂的项目，若随机抽取难以满足需求，经预算主管部门批准，采购人可自主选聘特定领域的专家，确保专业匹配度。

此外，评标委员会成员名单的保密性也是维护招标公正的关键一环，通常在开标前确定并严格保密至招标结果揭晓，以防信息泄露。面对突发情况，如成员缺席、回避或健康原因导致组成不合规，法律要求及时补足专家，确保评标连续进行；若无法及时补足，则必须暂停评标，封存所有相关材料，并依法重建评标委员会，以确保评标工作的合法性与有效性。所有变更与重建记录均需详尽归档，以备后续审查与追溯，这一系列措施共同构成了评标委员会运作的严密框架，为招标活动的成功奠定了坚实基础。

2. 采购人或者采购代理机构职责

采购人或其委托的代理机构在负责评标工作的同时，承担着多项关键职责，以确保评标过程的公正、有序与高效。他们需首先核对评审专家的身份及采购人代表的授权函，记录专家职责履行情况，并及时向财政部门报告任何违法违规行为。在开标前，明确宣布评标纪律，公布投标人名单，并告知评审专家应回避的具体情形。随后，组织评标委员会推选组长，但明确规定采购人代表不得担任此职。评标期间，实施必要的通信管理，保障评标活动的独立性。同时，根据评标委员会的需求，介绍政府采购政策、法规及招标文件内容。

在评标过程中，采购人或代理机构积极维护评标秩序，监督评标委员会遵循既定程序、方法和标准独立评审，对任何倾向性言论或违规行为及时干预。评标结果出炉后，他们仔细核对，遇特定情形时要求评标委员会复核或说明理由，对拒绝配合者予以记录并上报财政部门。评审结束后，按规定向评审专家支付报酬及差旅费，严禁向非评审专家人员发放劳务费。

此外，采购人可在评标前简要介绍项目背景与采购需求，但内容必须保持中立，避免任何歧视性或倾向性表述，且不得超出招标文件范畴。此说明需以书面形式提交，并随采购文件归档保存，以确保评标活动的全程可追溯与透明度。

3. 评标委员会的职责

评标委员会肩负着评标工作的核心职责，首要任务在于细致审查投标文件，确保其全面符合招标文件中既定的商务、技术等实质性要求。在评标会议中，委员会拥有权力要求投标人就其投标文件中的特定事项作出必要的解释或澄清，以确保评标依据的准确无误。依据招标文件规定的评标方法与标准，评标委员会将对各投标文件进行综合比较与评价，最终出具详尽的评标报告，作为决策的重要依据。同时，委员会负责确定中标候选人名单，并可根据采购人的委托，直接确定中标人，体现了其在评标结果确定环节的关键作用。此外，评标委员会还承担着维护评标公正性的责任，一旦发现任何非法干预评标工作的行为，将立即向招标采购机构或相关部门报告，确保评标活动的独立性与合法性不受侵犯。

4. 评标原则

评标委员会在履行其职责时，必须严格遵守招标文件的各项规定，确保评标过程的公正性与一致性。具体而言，评标过程中不得擅自更改既定的评标标准、方法及中标条件，而是应依据招标文件中的明确规定，对投标文件的实质性内容进行深入审查与系统比较。对于设有标底的项目，评标委员会在评标时应参考标底进行综合考量。

面对投标文件中可能存在的歧义、不一致或明显错误，评标委员会有权要求投标人书面澄清、说明或补正，但此过程不得改变投标文件的本质内容。同时，评标专家需保持中立，避免提出任何可能误导投标人的问题，也不得泄露投标文件的缺陷。

每位评标专家需独立完成评审工作，自主表达意见并承担个人责任，打分时需在原始打分表上各自署名，集体统一打分不被认可。此外，对于投标人提出的超出招标文件技术标准的备选方案，其额外收益不计入评标价，仅当该方案满足基本要求且投标人评标价最低或综合评分最高时，方予考虑。这一系列规定旨在确保评标过程的公正、透明与高效，维护所有投标人的合法权益。

5. 评标方法

常用的评标方法有综合评估法、综合评分法、最低评标价法、性价比法等。

（1）最低评标价法及其适用范围

最低评标价法作为国际通行的评标准则，在我国政府采购领域亦得到广泛应用，并由《中华人民共和国政府采购法实施条例》予以规范化。此法旨在选出既全面满足招标文件实质性要求又提供最低投标报价的供应商作为中标候选人，需明确的是，此"最低评标价"非单纯之最低报价。在实施过程中，首先需进行算术修正，这是处理投标文件中非故意算术错误的常规做法，旨在还原投标人真实意图，此修正应在澄清环节依据招标文件中明确的规则合理进行，且仅限于纠正计算错误，不涉及供货和服务范围的调整。

此外，依据政策导向，对符合特定条件（如小微企业、节能环保产品）的合格供应商，应在价格上进行相应扣除后再行排序，以体现政府采购的政策功能。对于技术、服务等标准统一的货物和服务项目，依据《中华人民共和国政府采购法实施条例》，原则上应优先采用最低评标价法，这类项目通常指采购需求明确、适用于通用货物或服务的场景。

值得注意的是，最低评标价法在初步评审后，不再深入评估实质性响应供应商的技术与商务细节，而是聚焦于政策价格扣除及投标报价排序。因此，制定招标文件时需细致考虑采购需求与供应商响应间的潜在偏差及采购人的容忍度，将关键指标设为实质性条款并清晰描述，以避免歧义。非实质性条款的偏离不应成为否决供应商的理由，同时，为防供货服务缺失，还需明确投标缺漏项的处理规则。

（2）综合评分法

综合评分法是一种评标方式，其核心在于全面考量投标文件对招标文件所有实质性要求的满足程度，并依据预设的量化评审因素给予评分，最终选取得分最高的投标人为中标候选人。在此方法中，除了严格遵循招标文件中的实质性条款外，还需将采购需求中的其他非实质性因素通过折算分值的形式纳入考量范围，这些因素的评分权重及具体评分规则需在招标文件中预先明确。具体而言，综合评分体系涵盖了价格竞争力、技术水平、财务状况稳健性、市场信誉度、过往业绩表现、售后服务质量、对招标文件的响应精准度等多个维度，每个维度均被赋予相应的比重或权值，以确保评分的全面性与公正性。

6. 评标程序

评标应遵循以下工作程序：

（1）投标文件初审

初审环节是评标过程中的重要步骤，它细分为资格性检查和符合性检查两大方面。资格性检查聚焦于投标人的基本资质，依据相关法律法规及招标文件的具体要求，严格审查投标文件中的资格证明文件、投标保证金等要素，以确认投标人是否具备参与投标的法定资格。而符合性检查则侧重于投标文件的形式与内容审查，确保投标文件的有效性、完整性，并深入评估其对招标文件中实质性要求的响应程度。

在初审过程中，若投标文件存在特定情形，将被视为无效投标，包括但不限于：未遵循招标文件规定的密封、签署、盖章要求；投标联合体未能提供共同投标协议；投标人资质不符合国家法规或招标文件标准；同一投标人提交多份不同投标文件或报价（除非招标文件明确允许备选投标）；投标报价异常，低于成本或超出设定的最高限价；投标文件未能充分响应招标文件的实质性要求和条件；未按规定提交投标保证金；以及存在串通投标、弄虚作假、行贿等违法违规行为。

关于"投标文件未对招标文件的实质性要求和条件做出响应"的理解，关键在于识别那些对标的物质量或合同履行具有决定性影响的内容或因素。通常，这指的是直接影响项目核心目标实现的关键条款，如产品质量标准、关键性能指标等。相反，对于如装订格式、外包装、轻微的技术参数偏差等非核心且不影响合同本质履行的细节问题，不应视为未响应实质性要求。这样的界定有助于评标工作更加聚焦于核心要素，同时保持一定的灵活性，以应对实际操作中的细微差异。

（2）澄清有关问题

评标专家可以书面方式要求投标人对投标文件中含义不明确、对同类问题表述不一致或者有明显文字和计算错误的内容做必要的澄清、说明或者纠正。澄清、说明或者纠正应以书面方式进行，并且不得超出投标文件的范围或者改变投标文件的实质性内容。

（3）比较和评价

在评标过程中，必须严格遵循招标文件所确立的评标方法与标准，对已通过资格性检查和符合性审查的投标文件进行全面、细致的商务和技术评估，通过综合比较与评价，选出最优方案。这一过程中，评标标准、方法及中标条件均不得擅自更改，以确保评标活动的公正性与一致性。

针对某些特殊情况，如采购需求难以仅凭书面描述精准界定，或需通过主观判断样品质量以验证其是否符合采购要求时，采购人或采购代理机构有权要求投标人提供样品。此要求需在招标文件中预先明确，详细规定样品的制作标准、是否需要附带检测报告、具体的评审方法及评审标准。若需提交检测报告，还应进一步阐明检测机构的资质要求、检测内容等细节。评标专家组将依据既定标准，对样品进行严谨细致的审查、比较与评估。

评标结束后，对于未中标投标人提交的样品，应及时退还，或在征得未中标人同意后自行妥善处理。而对于中标人提供的样品，则应按照招标文件的规定妥善保管、封存，并在后续履约验收阶段作为重要参考依据，以确保中标产品符合招标时的预期标准。这一系列措施旨在保障采购活动的透明度与公平性，同时确保采购结果的质量与效率。

（4）不同投标人在同一合同项目下提供相同品牌产品的处理办法

在采用最低评标价法的采购项目中，若多个投标人提供同一品牌产品参与同一合同项目下的投标，则资格与符合性审查均通过的投标人中，报价最低者将被选定为唯一有效投标人参与后续评标；若存在报价相同的情况，则由采购人或其委托的评标委员会依据招标文件规定的方法选定一名投标人，若招标文件未明确具体方法，则采取随机抽取方式确定，其余同品牌投标视为无效。

对于采用综合评分法的采购项目，若不同投标人均通过资格审查与符合性审查，且提供相同品牌产品参与同一合同项下的投标，则这些投标人将被视为单一投标人群体进行评审。在此情况下，得分最高的同品牌投标人将获得中标人推荐资格；若评审得分相同，则同样由采购人或其委托的评标委员会依据招标文件指定方式确定中标人，若招标文件未予规定，则采取随机抽取方式决定，而该群体中的其他同品牌投标人则不被列为中标候选人。

（5）推荐中标候选人

中标候选人的数量及排序均须严格遵循招标文件中的明确规定。在采用最低评标价法时，评标结果依据投标报价从低到高的顺序排列，报价相同者则并列处理。其中，那些完全满足招标文件实质性要求且报价最低的投标人将被列为排名第一的中标候选人。而对于采用综合评分法的项目，评标结果则依据评审后的总得分由高到低进行排序，若得分相同，则进一步依据投标报价由低到高排列，两者均相同者则并列。最终，排名第一的中标候选人需是全面响应招标文件实质性要求，并在评审因素量化指标下获得最高得分的投标人。

（6）编写评标报告

评标报告，作为评标委员会依据全体成员签字确认的原始评标记录与最终评标结果精心编制的重要文件，旨在全面、准确地向采购人汇报评标工作的全貌。该报告详尽涵盖了招标公告发布的媒体渠道、具体的开标日期与地点、参与投标的单位名单以及评标委员会的完整成员构成。同时，明确了所采用的评标方法与评判标准，详细记录了开标过程、评标活动的具体情况及必要说明，包括识别并列出无效投标人的名单及其被判定无效的原因。核心部分在于评标结果的正式公布，即明确中标候选人的排序或依据采购人委托直接确定的中标人。此外，报告还灵活涵盖了其他需特别说明的事项，如投标人应评标委员会要求所作出的澄清、解释或补充，以及评标委员会成员变动等关键信息。尤为重要的是，评标报告必须获得全体评标委员会成员的签字确认，以体现其权威性与公正性。对于评标结果存在不同意见的成员，报告鼓励其明确表达个人观点并签字；若成员拒绝在报告中表明异议但仍签字，则视为其默认同意评标报告内容。

四、定标和授标

（一）定标

1. 定标的原则

定标环节是采购人依法享有的权利，其决策过程需遵循一系列明确原则。首先，采购人应严格依据评标报告所推荐的中标候选人顺序，首选排名第一的候选人为中标人。然而，在特定情况下，如该候选人放弃中标、因不可抗力无法履约、未按规定提交履约保证金，或被查实存在影响中标结果的违法行为等，导致其不符合中标条件时，采购人有权顺延选择排名第二的候选人为中标人。若第二候选人也遭遇类似情况，采购人可继续考虑第三候选人，或决定重新招标。

此外，采购人或其代理机构在定标过程中，严禁通过样品检测、供应商考察等手段干预或改变评审结果，以维护评审的公正性与独立性。同时，除国务院财政部门明确规定的情形外，任何理由均不得成为采购人、代理机构组织重新评审的借口。若确需依规进行重新评审，相关方必须向本级人民政府财政部门提交书面报告，确保整个定标流程的合法合规与透明公开。

2. 采购人对评标结果有异议时的处理

（1）在评标过程中

在政府采购项目的评审流程中，采购人代表作为评审团队的重要成员，享有在评审结果汇总完毕至评审报告正式签署前的特定时段内，对评审结果提出复核请求的权利。这一权利旨在确保评审工作的准确性与公正性。依据财政部发布的《关于进一步规范政府采购评审工作有关问题的通知》，复核请求的内容被严格界定，仅限于资格性检查中的认定错误、分值汇总计算失误、分项评分超出既定评分标准范畴、客观分评分存在不一致性，以及经评审委员会全体成员共识确认的评分异常偏高或偏低等特定情形。对于竞争性谈判与询价项目，复核范围则进一步缩减至资格性审查认定错误及价格计算错误两类情况。一旦复核确认评审结果确需调整，评标委员会、谈判小组、磋商小组及询价小组应立即在现场对评审结果进行相应修改，并确保在最终评审报告中详尽记录此次复核及修改的全过程，以维护评审结果的权威性与可追溯性。

（2）在评审结束后

若经重新评审确认原评审报告中存在错误，则必须立即纠正这些错误。如果这种纠正导致了中标或成交结果的改变，采购人或采购代理机构应以书面形式向本级财政部门报告，并由财政部门正式认定原中标或成交结果无效。

对于评审后发现的错误，除了那些可以启动重新评审程序的情况外，采购人或采购代理机构必须迅速且准确地向本级财政部门报告，以便财政部门能够依法对评审活动进行全面审查，并对发现的错误采取适当的纠正措施。

重要的是，采购人在收到评标报告后，若对评标结果持有异议，必须遵循法定程序，要么申请重新评审，要么向财政部门申请纠正。若采购人未能在规定时间内按照

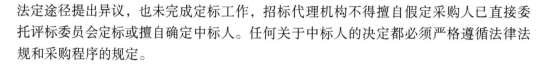

法定途径提出异议，也未完成定标工作，招标代理机构不得擅自假定采购人已直接委托评标委员会定标或擅自确定中标人。任何关于中标人的决定都必须严格遵循法律法规和采购程序的规定。

（二）授标

1. 中标公告

采购人或其委托的代理机构需在确定中标人后的两个工作日内，迅速通过省级及以上财政部门指定的权威媒体平台，公开宣布中标结果，并同步发布招标文件，以确保信息透明。公告内容详尽全面，涵盖采购方及代理机构的详细信息（如名称、地址、联系方式）、项目标识（项目名称与编号）、中标者的基本资料（含名称、地址及中标金额）以及中标标的的核心要素（如名称、规格、数量、单价与服务要求）。此外，公告还需明确中标公告的有效期限，通常为一个工作日，以便公众知晓与监督。特别地，若邀请招标过程中采用了书面推荐方式筛选潜在投标人，则所有被推荐的供应商的名单及其推荐理由也应随中标结果一并公告，以增强评审过程的公正性与透明度。

2. 投标人对中标公告有异议时的处理

投标人在对中标公告产生异议时，拥有明确的质疑和投诉渠道。具体而言，投标人应当自中标公告发布之日起的 7 个工作日内，以书面形式向招标采购单位正式提出质疑。招标采购单位在收到这样的书面质疑后，有责任在随后的 7 个工作日内，针对质疑内容给予详尽的答复。

若质疑供应商对招标采购单位的答复结果表示不满，或者招标采购单位未能在规定时间内给予答复，质疑供应商有权在答复期满后的 15 个工作日内，根据相关规定，向同级人民政府财政部门提出投诉。财政部门在接到投诉后，将启动调查程序，并在 30 个工作日内，就投诉事项做出明确的处理决定。

在处理投诉事项的过程中，为了保障投诉处理的公正性和有效性，财政部门有权根据具体情况，以书面形式通知招标采购单位暂停签订相关合同。但需要注意的是，这种暂停的时间应受到严格限制，最长不得超过 30 日，以确保采购活动的及时性和效率。

3. 发出中标通知书

在正式公告中标结果之际，采购人或其委托的采购代理机构必须同步向中标人发出中标通知书，以此确认中标结果。同时，对于那些未能通过资格审查的投标人，采购人或采购代理机构也负有明确告知其未通过原因的义务，以确保投标过程的透明度和公正性。

特别是在采用综合评分法进行评审的项目中，采购人或采购代理机构还需额外向未中标的投标人告知其个人的评审得分及在全体投标人中的排序情况，这有助于投标人了解自身表现，促进未来投标的改进。

中标通知书作为中标结果的正式确认文件，对采购人和中标人均具有不可忽视的法律效力。一旦中标通知书发出，任何一方擅自改变中标结果或放弃中标项目，都将依法承担相应的法律责任，这不仅是对采购活动严肃性的维护，也是对各方权益的有效保障。

4. 签订政府采购合同

采购人或采购代理机构在中标通知书发出后的 30 日内，必须严格遵循招标文件及中标人投标文件的约定，与中标人签订正式的书面合同。这份合同是政府采购活动中的重要法律文件，需明确记载采购人与中标人的名称、住所，以及采购标的的详细信息，包括但不限于数量、质量、价款或报酬、履行期限、地点及方式、验收要求、违约责任和解决争议的方法等关键条款。值得注意的是，所签订的合同内容不得对原招标文件和中标人投标文件做出任何实质性的修改。

同时，招标采购单位在合同订立过程中，必须保持公正、透明的原则，不得向中标人提出任何不合理的要求作为签订合同的附加条件，更不得与中标人私下达成任何背离合同实质性内容的协议。

此外，为了确保政府采购活动的合规性和透明度，采购人或采购代理机构还应在采购合同签订之日起的 7 个工作日内，按照相关规定将采购合同的副本报送至同级人民政府财政部门进行备案。对于法律、行政法规明确规定需办理批准、登记等手续后方能生效的合同，采购双方还需依法履行相关程序，以确保合同的合法性和有效性。

5. 合同的执行

在政府采购过程中，采购人与中标人作为合同的双方主体，均须根据合同条款的明确规定，严格依法履行各自的合同义务。这一过程中，政府采购合同的履行、可能产生的违约责任以及解决争议的具体方法，均应遵循合同法的相关原则与规定。

具体而言，采购人作为合同的一方，承担着对中标人履约情况进行有效管理的责任。当中标人出现违反采购合同约定的行为时，采购人应及时采取相应措施，包括但不限于协商解决、要求赔偿损失或根据合同条款追究其违约责任，以确保政府采购活动的顺利进行和合同目的的实现。

同时，采购人也需严格遵守合同中的支付条款，按照采购合同约定的时间和方式，及时向中标人支付采购资金。这一行为不仅是采购人履行合同义务的重要体现，也是维护政府采购市场秩序、保障中标人合法权益的必要举措。

第三节　非招标采购的程序

一、报批

在政府采购领域，对于工程项目而言，一旦其规模达到公开招标的法定限额，依据《招标投标法》的严格规定，此类项目必须依法进行公开招标，任何形式的规避或拆分行为均属违法。这意味着，对于达到法定招标限额的工程项目，不存在以非招标方式采购的例外情况，所有相关单位和个人均须严格遵守这一规定。

然而，对于未达到法定招标限额的工程项目，采购人则享有更大的灵活性，可以选择非招标方式进行采购，且无需额外报批程序。这种灵活性旨在适应不同规模项目的实际需求，提高采购效率。

对于货物和服务采购项目，情况则有所不同。即使项目金额达到了公开招标的数额标准，但鉴于采购项目的特殊性质，采购人可能会认为招标方式并非最佳选择。在此情况下，根据《政府采购非招标采购方式管理办法》（以下简称《非招标采购方式管理办法》）的相关规定，采购人需在采购活动正式启动前，先获得其主管预算单位的同意，并随后向设区的市、自治州以上的人民政府财政部门提交申请，详细阐述拟采用的非招标采购方式及其理由。一旦获得财政部门的批准，采购人即可按照批准的方式开展采购活动。

值得注意的是，在申请非招标采购方式时，采购人需向财政部门提供一系列必要材料，包括但不限于项目基本情况说明、预算金额及资金来源证明以及选择非招标方式的充分理由等，并对这些材料的真实性承担法律责任。而对于招标限额以下的项目，采购人在选择非招标方式时则无需经过报批程序，可直接根据项目特点和政府采购非招标采购的相关条件要求自行决定。

二、委托政府采购代理机构

政府集中采购目录以内的采购项目，应委托政府采购集中采购机构代理采购；集中采购目录之外，达到政府采购限额以上的采购项目，采购人如不具备自行采购能力的应委托政府采购代理机构代理采购事宜。委托政府采购代理机构的程序同招标采购。

三、成立采购小组

（一）采购小组的组成

采购小组作为政府采购活动中的重要组成部分，其构成和运作需严格遵循相关规定。该小组可细分为竞争性谈判小组、竞争性磋商小组、询价小组及单一来源的价格协商小组等多种形式，旨在根据采购项目的特性选择合适的采购方式。采购小组的组建应确保成员构成合理，通常由采购人的代表与相关领域的专家共同组成，人数需为3人及以上的单数，且专家比例不得低于成员总数的三分之二。这一规定旨在确保采购决策的公正性、专业性和透明度。

在采购过程中，采购人及其代理机构需遵循回避原则，即采购人不得作为评审专家参与本部门或本单位的采购项目评审，采购代理机构人员也不得参与其代理的采购项目的评审工作。这一措施旨在避免潜在的利益冲突，保障采购活动的公正进行。

对于达到公开招标数额标准的采购项目，采购小组的组建要求更为严格，成员人数需为5人及以上的单数，以进一步增强评审的权威性和公正性。

在采用非招标采购方式的政府采购项目中，评审专家的选取应遵循随机抽取原则，从政府采购评审专家库中相关专业的专家名单中抽取。然而，对于技术复杂、专业性极强的采购项目，若通过随机抽取难以找到合适的评审专家，经主管预算单位同意后，采购人可自行选定评审专家。特别地，在竞争性谈判和竞争性磋商等采购方式中，若项目技术复杂且专业性强，评审专家团队中应至少包含一名法律专家，以确保采购活动的合法性和规范性。

（二）采购小组的职责

在政府采购的谈判、磋商或询价过程中，首先需确认或制定详尽的采购文件，作为后续采购活动的基础。随后，从具备相应资格条件的供应商名单中精心挑选，确保不少于三家供应商参与谈判、磋商或询价环节，以保证竞争的充分性。在收到供应商的响应文件后，采购小组将仔细审查并作出客观评价，必要时还会要求供应商就文件中的特定内容进行进一步的解释或澄清。完成上述步骤后，采购小组将基于评审结果编写详尽的评审报告，全面记录评审过程及结论。此外，若在评审过程中发现供应商存在违法或违规行为，采购小组将及时告知采购人及采购代理机构，以便采取相应措施维护采购活动的公正性和合法性。

（三）采购小组的义务

1. 遵纪守法，客观、公正、廉洁地履行职责。
2. 根据采购文件的规定独立进行评审，对个人的评审意见承担法律责任。
3. 参与评审报告的起草。
4. 配合采购人、采购代理机构答复供应商提出的质疑。
5. 配合财政部门的投诉处理和监督检查工作。

四、制作采购文件

采购文件，作为政府采购活动的核心指导文件，其形式可涵盖谈判文件、磋商文件及询价通知书等，旨在根据具体采购项目的特性和采购人的实际需求精心制定。这些文件的出台需经过采购人的书面认可，确保每一项条款都紧密贴合实际需求，严禁采购人擅自拔高经费预算或采购标准，如资产配置等，以维护采购活动的经济性和合理性。

采购文件的内容设计全面而细致，包括但不限于供应商的资格门槛、采购邀请的发布、明确的采购方式、详尽的采购预算规划、严谨的采购程序安排、清晰的价格构成或报价指引、响应文件的编制要求、提交响应文件的明确截止时间及地点、保证金的具体数额与缴纳方式以及公正合理的成交评定标准等关键要素。此外，合同的主要条款也应预先在采购文件中予以明确，为后续合同的顺利签订奠定坚实基础。

特别地，在竞争性谈判和竞争性磋商的场景下，采购文件还需额外明确指出，在与供应商进行谈判或磋商过程中，哪些内容可能会发生实质性变动，如采购需求中的技术规格、服务要求以及合同草案的某些条款等。然而，值得注意的是，采购文件在设定这些条款时，必须保持中立和公平，严禁出现指定厂商名称、特定货物品牌或任何可能暗示特定供应商的技术、服务等条件的情况。

总体而言，采购谈判或磋商的具体内容，即未来采购合同的核心条款，应当全面覆盖采购标的的品质、规格、数量、包装、价格、运输、交货、保险、支付、售后服务、索赔机制、仲裁条款及不可抗力应对等多个方面，确保采购活动的每一个细节都有据可依、有章可循。

五、邀请供应商

《非招标采购方式管理办法》第十二条明确了邀请供应商参与竞争性谈判或询价采购活动的三种合法途径：一是通过公开发布公告的方式，广泛邀请符合资格条件的供应商参与，确保采购活动的公开透明；二是利用省级以上财政部门建立的供应商库，通过随机抽取的方式选定参与供应商，增加选择过程的公正性和随机性；三是允许采购人与评审专家分别出具书面推荐意见，共同推荐符合条件的供应商，但采购人的推荐比例需控制在总数的一半以下，以防止潜在的偏好影响。

此外，针对公开招标的货物和服务采购项目，若在招标过程中出现仅有两家供应商提交有效投标文件或实质性响应招标文件要求的情况，采购人和采购代理机构在获得本级财政部门的批准后，可采取变通措施，与这两家供应商进行竞争性谈判或竞争性磋商，以确保采购项目的顺利进行，同时维护采购过程的合法性和有效性。

六、发售采购文件

在政府采购过程中，采购人及采购代理机构有权向受邀的、符合资质条件的供应商发售采购文件。针对不同类型的采购方式，发售采购文件至首次提交响应文件之间的时间间隔有明确规定：竞争性谈判和询价方式需至少 3 日，而竞争性磋商则需至少 10 日，以确保供应商有足够的时间准备响应文件。

同时，采购人或采购代理机构有权要求供应商在提交响应文件截止日期前交纳保证金，以保障采购活动的顺利进行。保证金应以非现金形式交纳，如支票、汇票、本票、网上银行支付或金融机构、担保机构出具的保函等，且金额不得超过采购项目预算的 2%。若供应商以联合体形式参与，保证金可由联合体中的一方或多方共同交纳，该保证金对联合体各方均具有法律约束力。

在提交首次响应文件截止日期前，采购人、采购代理机构或采购小组若需对已发出的采购文件进行澄清或修改，应及时以书面形式通知所有接收采购文件的供应商。若这些澄清或修改的内容可能影响供应商的响应文件编制，通知应至少在提交首次响应文件截止日期前 3 个工作日发出。若时间不足 3 个工作日，则应相应顺延提交首次响应文件的截止日期，以确保供应商有足够的时间根据最新信息调整其响应文件。

七、提交响应文件

供应商必须严格遵守采购文件中规定的截止时间，将密封完好的响应文件送达指定地点。任何在截止时间之后送达的响应文件均将被视为无效，采购人、采购代理机构或采购小组有权拒绝接收此类文件。同时，供应商在提交响应文件截止时间之前，享有对文件进行补充、修改或撤回的权利，并需以书面形式通知采购人及采购代理机构。这些补充、修改的内容将被视为响应文件的不可分割部分，且在内容出现不一致时，以补充、修改后的内容为准。这一规定确保了采购活动的公平性和响应文件的有效性。

八、谈判（磋商）

谈判、磋商是竞争性谈判和竞争性磋商的关键环节，必须保证谈判（磋商）在保密的情况下进行。其基本程序为：

1. 谈判（磋商）准备

在谈判（磋商）活动正式启动之前，一系列周密的准备工作必不可少。首先，谈判（磋商）小组需召开准备会议，由采购代理机构的工作人员详细阐述谈判（磋商）的具体流程及相关规定，确保每位成员对即将进行的活动有清晰的了解。接着，若谈判（磋商）文件由采购代理机构代拟，谈判（磋商）小组需以书面形式对其进行正式确认，未经确认的文件不得用于后续谈判（磋商）过程。

同时，对于通过随机抽取方式从供应商库中确定的受邀供应商，谈判（磋商）小组也需在谈判（磋商）前以书面形式确认其名单，确保参与供应商的合法性和公正性。随后，在递交响应文件的截止时间之后，谈判（磋商）小组将严格进行响应文件的拆封工作。这一过程中，小组会仔细清点核对响应文件的数量，检查其密封情况，并邀请供应商进行书面确认后，方可在现场进行拆封。

进入初步审查阶段，谈判（磋商）小组将对响应文件的有效性、完整性及响应程度进行全面评估，详细记录审查情况，并据此拟定谈判（磋商）策略，提出相应的谈判（磋商）问题。对于未能实质性响应谈判（磋商）文件要求的响应文件，谈判（磋商）小组将依法按无效处理，并及时通知相关供应商，告知其无法继续参与后续的谈判（磋商）活动。

2. 正式谈判（磋商）

在谈判（磋商）过程中，谈判（磋商）小组致力于确保所有供应商在面对同一问题时享有平等的对话机会。他们逐一与每位供应商就技术细节、报价构成以及合同条款等关键要素进行深入而全面的谈判（磋商），旨在明确供应商所提供的产品质量与服务水平是否充分满足采购文件所设定的实质性要求。

谈判（磋商）小组积极促进信息的透明交流，鼓励供应商就谈判（磋商）中涉及的问题作出详尽的解答与澄清。若谈判（磋商）文件出现任何实质性变动，小组将引导供应商据此重新调整其响应内容，并妥善处理补正材料等相关事宜。为确保谈判（磋商）过程的可追溯性与公正性，小组将以谈判（磋商）纪要的形式，准确、全面地记录下整个谈判（磋商）过程中的关键对话与决策。

供应商提交的谈判（磋商）纪要，一旦获得谈判（磋商）代表的正式签字，即具备法律效力。谈判（磋商）小组充分尊重供应商的权益，给予其合理的时间以准备答复，确保谈判（磋商）的公平性与有效性。最终，这些谈判（磋商）纪要将被作为评

审报告不可或缺的附件，为后续的评审工作提供坚实的事实依据与参考。

3. 谈判（磋商）文件修改

在谈判或磋商过程中，若谈判（磋商）小组认为现有文件未能充分、清晰地阐述采购需求，进而需要供应商提供最终设计方案或解决方案时，这一变更需经采购人代表明确确认。随后，谈判（磋商）小组可根据实际情况调整采购需求中的技术规格、服务要求及合同草案条款等内容。另一种处理方式是在谈判（磋商）结束后，小组遵循少数服从多数的原则，通过投票方式推荐三家或更多供应商的设计方案或解决方案，并要求这些供应商在限定时间内提交最终报价。

若谈判（磋商）文件发生更改，谈判（磋商）小组需提出详细的书面修改意见，并经成员签字确认后，及时以书面形式通知所有参与谈判（磋商）的供应商，同时要求供应商对修改意见进行签字确认。若因文件修改导致需要推迟谈判（磋商）时间，谈判（磋商）组织方应立即通知所有相关供应商，并按照既定程序重新组建谈判（磋商）小组，以确保后续谈判（磋商）活动的顺利进行。这一流程确保了谈判（磋商）过程的灵活性与公正性，同时维护了供应商的合法权益。

4. 二次报价

在谈判或磋商流程中，针对价格环节的处理尤为关键。首先，谈判（磋商）小组在全面评估各供应商的商务、技术和服务条件后，会向所有满足采购文件实质性要求、在质量和服务上达标的供应商发出二次报价邀请。此邀请明确标注了二次报价的截止时间及相关编写规范，原则上，二次报价被视为最终报价，具有决定性意义。

若遇多家供应商报出相同且均为最低价的情形，谈判（磋商）小组将组织这些供应商进行专门针对价格的重新报价，直至筛选出唯一一家报价最低的供应商，以确保竞争的公平性与结果的明确性。

对于二次报价的提交，谈判（磋商）小组会合理安排时间，确保供应商有足够的时间准备。未能按时提交最终报价文件的供应商，将被视为自动放弃其最终报价的权利，谈判（磋商）小组将依据其首次报价内容进行后续评审。值得注意的是，一旦最终报价文件被提交，便不得撤回或修改，以维护报价的严肃性和稳定性。

此外，二次报价文件的有效性也需严格把关。文件需经供应商授权代表签字确认后方能生效，且必须密封提交。对于未密封的报价文件，谈判（磋商）小组将要求供应商立即重新密封后提交，以确保报价过程的规范性与保密性。

九、询价

1. 询价小组只对在询价通知书规定的提交报价单的截止时间前送达的报价单进行评审。

2. 询价小组在评审过程中，不得改变询价通知书所确定的技术和服务等要求、评审程序、评定成交的标准和合同文本等事项。

3. 参加询价采购活动的供应商，应当按照询价通知书的规定一次报出不得更改的价格。

十、推荐成交候选人

无论是谈判小组、磋商小组还是询价小组，在评审过程中均遵循严格的标准与程序，以确保评审结果的公正性与合理性。具体而言，各小组首先从所有供应商中筛选出那些在质量和服务方面均能完全满足采购文件（或询价通知书）实质性要求的候选者。随后，根据采购方式的不同，采用不同的评选策略：谈判小组依据最终报价由低到高的顺序，磋商小组则依据评审得分由高到低的顺序，而询价小组直接按照报价由低到高的顺序，各自提出三名或以上的成交候选人，并据此编写详尽的评审报告。

评审报告作为评审活动的重要成果，其内容涵盖了采购活动的全貌，包括但不限于邀请供应商的具体方式、参与供应商名单、评审的日期与地点、小组成员构成、评审过程的详细记录（包括资格审查、响应文件评审、谈判磋商情况、报价或得分等）以及成交候选人的提名理由。报告的最终形成需经谈判（磋商、询价）小组全体成员的签字确认，以体现其权威性与一致性。

在评审过程中，若小组成员对评审报告存在异议，小组将遵循少数服从多数的原则，继续推进采购程序并推荐成交候选人。同时，持异议的成员需在报告上明确签署不同意见并阐述理由，小组将对此进行书面记录。对于拒绝签字且未书面说明异议理由的成员，视为默认同意评审报告的内容。这一系列措施旨在保障评审工作的透明度与公正性，确保评审结果的客观性与可接受性。

十一、确定成交人

采购代理机构肩负着高效传递评审结果的责任，需在评审活动落幕后的 2 个工作日内，迅速将详尽的评审报告提交至采购人处以供确认。采购人在接收到报告后的 5 个工作日内，需基于报告内容，遵循质量与服务双重达标的原则，从推荐的成交候选人名单中，依照评审报告所列顺序选定最终的成交人。当然，采购人亦有权选择以书面形式授权谈判（磋商、询价）小组直接敲定成交人，以体现决策的高效与灵活。

值得注意的是，若采购人在规定时限内未能明确成交人且未提出任何异议，则系统自动视其接纳评审报告中的最终建议，即认定报价最低的供应商为成交方。

此外，为维护采购活动的严肃性与公正性，除非遭遇资格性审查的明显错误或价格计算的显著失误，采购人及采购代理机构均无权以其他任何缘由要求重新评审。一旦发现谈判（磋商、询价）小组在评审过程中偏离了采购文件所设定的成交评定标准，采购双方应立即采取行动，不仅需重新组织采购活动以确保合规，还需及时将这一情况以书面形式上报至本级财政部门，以便监管部门掌握动态，实施必要的监督与指导。

十二、发布成交公告

采购人或者采购代理机构在成交人确定后的两个工作日内，需按照省级以上财政部门的规定，在指定媒体上公开宣布成交结果，并同时向成交人发出正式的成交通知书。此公告内容详尽，包括但不限于采购人与采购代理机构的详细信息（名称、地址及联系方式）、项目的基本信息（名称与编号）、成交方的具体信息（名称、地址及成交金额），以及主要成交标的的详细规格（包括名称、规格型号、数量、单价与服务要求）。此外，公告还会列出参与采购评审的小组成员名单，并附上完整的采购文件。若采用书面推荐方式选取供应商，公告中还将特别包含采购人及评审专家的推荐意见，以确保整个采购流程的透明性与公正性。

十三、签订合同

在政府采购流程中，采购人与成交人之间的合同签署环节至关重要。双方需在成交通知书正式发出后的 30 日内，严格依据采购文件中既定的合同模板，以及明确规定的采购标的、具体规格型号、成交金额、采购数量、技术要求和服务标准等核心要素，正式签订政府采购合同。这一过程确保了合同的合法性与规范性，维护了采购活动的严肃性和公正性。

采购人在此过程中需恪守诚信原则，不得向成交人提出任何超越谈判文件范围的要求作为签订合同的先决条件，更不得私下与成交人签订与谈判文件内容相悖，尤其是涉及采购标的、规格型号、金额、数量、技术和服务要求等实质性条款的协议。

同时，成交通知书一经发出，即具有法律效力。除非遭遇不可抗力等特殊情况，否则采购人单方面改变成交结果，或成交人无故拒绝签订政府采购合同的行为，均将视为违约，并需依法承担相应的法律责任。这一规定旨在强化采购双方的契约精神，保障政府采购市场的健康有序发展。

十四、退还保证金

采购活动圆满结束后，采购人或采购代理机构应迅速、高效地处理供应商保证金的退还事宜，除非因供应商自身原因导致的退还延误。具体而言，对于未中标的供应商，其保证金应在成交通知书正式发出后的 5 个工作日内无条件退还；而对于中标供应商，保证金则应在双方成功签订采购合同后的 5 个工作日内予以退还。

然而，在特定情况下，保证金将不予退还。这些情形包括但不限于：供应商在响应文件提交截止时间之后选择撤回其响应文件；供应商在响应文件中故意提供虚假材料以误导评审；除不可抗力因素或采购文件中明确认可的特殊情形外，中标供应商拒绝与采购人签订正式合同；供应商与采购人、其他供应商或采购代理机构之间存在恶意串通行为，损害采购活动公正性；以及采购文件中规定的其他不予退还保证金的情形。这些规定的实施，旨在维护政府采购活动的严肃性和公平性，确保所有参与者的诚信与合规。

十五、采购活动的终止

在采购活动进行过程中，若遇到特定情形，采购人或采购代理机构有责任立即终止当前的采购流程，并随后发布项目终止公告，详细阐述终止的具体原因。这些特定情形包括但不限于：首先，若因外部条件或内部需求的变化，导致当前项目不再满足非招标采购方式的适用标准，则必须终止采购；其次，若采购过程中发现存在任何可能损害采购公正性的违法、违规行为，也需立即停止采购活动；最后，若参与竞争的供应商数量不足三家，且这些供应商的报价未超过预设的采购预算（除非该情况是由于从公开招标转为非招标采购所致），同样需要终止采购并重新开展，以确保采购的充分竞争性和透明度。

第四节　政府集中采购的委托方式与程序

一、批量集中采购

（一）批量集中采购的概念

批量集中采购作为一种高效的政府采购模式，其核心在于将那些通用性强、技术规格统一且易于归集的采购品目，通过采购人按照标准化配置汇总需求后，交由专门的集中采购机构统一执行采购任务。此模式不仅是集中采购体系中的核心组织形式，还受到国家政策的明确支持与推动，如财政部《中央预算单位批量集中采购管理暂行办法》便强调了其重要性，要求逐步将《中央预算单位政府集中采购目录及标准》内的品目纳入批量集中采购范畴。

批量集中采购的核心优势在于其规模效应，旨在显著提升财政资金的使用效益。面对广泛分布于各政府部门及行政事业单位的通用设备需求，若采取分散采购方式，各采购单位独立行动，往往因采购量小而难以形成规模，限制了议价能力和市场吸引力。相反，通过批量集中采购，这些零散需求被有效整合，单次采购规模显著扩大，不仅增强了采购方的谈判力量，吸引了更多供应商参与竞争，从而确保采购到性价比更高的商品，还促进了采购效率的提升，通过快速集聚批量需求，加快了采购频率，缩短了整体采购周期，实现了财政资金效益的最大化。对于特殊情况下无法实施批量集中采购的品目，虽允许通过协议供货方式采购，但严格限定了比例，以确保批量集中采购原则的主导地位不受影响。

（二）批量集中采购的范围

央采中心从2011年7月起开始实施批量集中采购，如：台式计算机、便携式计算机、复印机、打印设备、复印纸、民用空调机。上述品目不论金额大小必须执行批量集中采购。

（三）批量集中采购流程

批量集中采购流程是一个严谨且系统的过程，首先由财政部定期发布中央预算单位所需的批量集中采购品目的基本配置标准。随后，采购单位通过访问中国政府采购网，查询并了解这些标准，根据自身的采购预算和实际需求，精心选择合适的品目配置标准，并据此编制出详尽的批量采购计划。此计划每月由采购单位提交至其所属的中央单位财政部门，如部属高等学校的计划则提交至教育部财务司。计划中详细列出了所需物品的名称、配置、数量、送货地点以及联系信息等重要内容。

中央单位财政部门在收到这些计划后，会进行汇总整理，并于每月的 10 日之前上报给财政部进行进一步的汇总和审批。财政部审批通过后，会将采购计划抄送给中央国家机关政府采购中心（国采中心）。国采中心则根据这些经过审批的采购计划，着手组织批量集中采购活动，确保在 30 个工作日内完成采购流程，并在中央政府采购网上及时公布采购结果。

采购人可登录中央政府采购网，便捷地查询中标结果，并确认相关采购信息。之后，采购人需依据当次批量集中采购所确定的品牌、型号、价格、数量、服务及送货期限等具体条款，与中标人或其授权的供货商签订正式的采购合同。合同签订后，供应商将按照合同要求提供送货、安装及调试服务。

最终，采购人将依据合同条款对货物进行验收，并在验收合格后与供应商进行结算，从而圆满完成整个批量集中采购流程。

二、定点采购

（一）定点采购的范围

预算在 400 万元以下的装修、拆除、修缮工程；100 万元以下的打印设备通用耗材、电梯、办公家具等货物；100 万元以下的工程造价咨询服务、工程监理服务、车辆维修保养及加油、机动车保险、印刷服务、物业管理、云服务等。

（二）定点采购的程序

定点采购程序严谨有序，首先由国采中心通过公开招标的方式，全面确定中标供应商及其具体承建工程范围、货物种类、服务类型、最高限价、服务方式、期限以及合同条款等关键要素，并以中标合同的形式明确固化，为后续采购活动奠定坚实基础。随后，国采中心定期在中央政府采购网的协议供货专栏上详尽公告定点采购的执行流程、涵盖品目、中标项目类别及其限价、中标供应商名单、服务标准与联系方式等关键信息，旨在为采购人提供便捷的执行指南。

采购人在执行定点采购时，需严格遵循公告内容，在指定的中标供应商及其推荐的服务代理商范围内做出选择，并向供应商出示有效证明，以确认其作为中央国家机关的采购资格。中标供应商或其授权的协议供应商随后将与采购人直接签订采购合同，正式确立合作关系。

合同生效后，定点供应商需按照合同规定，向采购人提供中标产品及相应服务。待服务完成后，供应商负责打印验收单（结算单），交由采购人进行验收并据此完成付款流程，从而圆满结束整个定点采购过程。

三、协议供货

（一）协议供货的优点

协议供货制度在政府采购中展现出显著的优越性，首先体现在资金节约方面。通过将各部门原本零散的采购需求集中整合，形成较大的采购规模，此举有效吸引了众多供应商的参与，促使他们在竞争中主动降低价格，从而为采购方带来了实实在在的经济利益。其次，协议供货还显著减轻了供应商的销售负担。在传统模式下，若每个需求方都独立进行采购，供应商将不得不频繁应对重复的标书准备和跨地域的投标活动，这无疑增加了销售成本。而协议供货则简化了这一过程，降低了供应商的经营压力。

此外，协议供货制度以其标准化的操作流程，增强了采购过程的透明度和规范性，为构建一个公平、公正的采购环境提供了有力保障。这一特点也便于采购管理监督部门对中标供应商的售后服务进行有效监督，同时也有利于审计、监察部门对采购单位执行政府采购制度的情况进行全面检查，进一步提升了政府采购的监管效能。

值得一提的是，协议供货在成本控制方面也表现出色。它消除了因采购数量差异而导致的额外成本，确保了无论采购规模大小，采购成本均保持相对稳定，避免了采购环节的冗余和浪费。

综上所述，政府采购中的协议供货制度不仅实现了采购效益与采购效率之间的最佳平衡，还通过其独特的优势促进了政府采购体系的整体优化和升级。

（二）协议供货的适用范围

目前，国采中心提供的协议供货商品范围广泛，涵盖了包括200万元以下乘用车与客车、100万元以下台式计算机、便携式计算机、复印机、打印设备、复印纸、空调机在内的多种常用办公设备与耗材。此外，国采中心还支持计算机软件、服务器、计算机网络设备以及视频会议系统与会议室音频系统等高端技术产品的协议供货采购，以满足不同采购人的多元化需求。

为确保采购活动的规范性与效率，国采中心特别设定了限制措施，以防止采购人将本应通过批量采购以发挥规模效应的项目错误地采用协议采购方式执行。具体而言，国采中心明确规定，年度内通过协议供货方式进行的采购总额，不得超过采购人上一年度同类商品采购总量的30%，以此引导采购人合理选择采购方式，优化资源配置，促进政府采购市场的健康发展。

（三）协议供货的采购流程

协议供货采购流程是一个高效且规范的过程。首先，国采中心通过公开招标的方式，严格筛选出中标供应商，并明确所供产品的型号、具体配置、最高限价、订货方式、供货期限及售后服务条款等关键信息，这些信息最终以中标合同的形式固定下来，为后续的采购活动提供了坚实的法律基础。

接着，国采中心会定期在中央政府采购网的协议供货专栏中，详细公告协议供货的具体执行流程、涉及的品目范围、中标产品的详细信息（包括品牌、型号、配置及最高限价）、中标及协议供货商名单、订货及售后服务的联系方式、供货期限及售后服务条款等，旨在为采购人提供全面、便捷的参考信息，确保采购过程的顺利进行。

在采购阶段，采购人需严格遵循公告要求，在指定的中标供应商及其推荐的供货代理商范围内进行选择，并确保所采购的产品在中标产品范围内，同时采购价格不得高于设定的最高限价。采购人可通过电话联系或网上订购的方式与供应商进行对接，并需提供有效证明材料以确认其采购资格。

随后，供应商将在线上填写合同及验收单，并打印出公示合同。之后，供应商会将合同及验收单发送给采购人，并按照约定时间送货上门。最后，采购人在收到货物后，需仔细核对合同内容，完成收货、验收及付款等环节，至此，整个协议供货采购流程圆满结束。

四、网上竞价

（一）网上竞价的适用范围

网上竞价作为询价采购的一种形式，特别适用于集中采购目录内且采购金额不超过50万元的货物采购项目，具体包括但不限于以下几类商品：台式计算机、便携式计算机、复印机、打印设备、复印纸、多种空调机型（如分体变频壁挂机、分体变频柜机、分体定速壁挂机、分体定速柜机），以及计算机软件、服务器、计算机网络设备、视频会议系统、会议室音频系统、扫描仪、多功能一体机、投影仪等。这些商品均通过网上竞价平台，实现高效、透明的价格比较与采购流程。

（二）网上竞价程序

网上竞价程序遵循一系列清晰、高效的步骤，以确保采购过程的公正性与透明度。首先，采购人需向相关部门报送详细的采购计划。随后，通过政府采购网的网上竞价系统，采购人提交具体的采购需求，包括所需货物的名称、精确的规格型号、数量以及明确的售后服务要求等关键信息。国采中心随即对这些需求进行在线审核，审核通过后，系统会自动发布竞价公告，邀请符合条件的供应商参与。

接下来，供应商根据公告内容，在网上进行竞价，提交各自的报价。采购人在网上竞价结束后，根据事先明确的需求条件，特别是货物的规格型号与售后服务要求，通常会选择报价最低的供应商作为成交对象，以最大化采购效益。

成交供应商随后负责打印合同及验收单，并按约定时间送货至采购人指定地点。采购人在收到货物后，将进行严格的验收工作，确认无误后，与供应商正式签订采购合同，并完成付款流程，从而圆满结束整个网上竞价采购过程。

五、单独项目委托

(一) 单独项目委托的金额范围

在单独项目委托的金额范围设定上，针对不同类别的采购项目有着明确的界限。对于货物类采购，若预算金额达到或超过 100 万元（含），则适用于该范围，特别指出的是，台式计算机、便携式计算机、复印机、打印设备、复印纸、空调机、计算机软件、服务器、计算机网络设备、视频会议系统及会议室音频系统、扫描仪、多功能一体机、投影仪等物品的采购均受此限制。而对于乘用车和客车，其预算金额上限放宽至 200 万元（含），但一旦超过此金额，则必须委托单位进行公开招标。

在服务类采购方面，若预算金额同样达到或超过 100 万元（含），则属于该范围的管辖，涵盖了车辆维修保养及加油、机动车保险、印刷服务、物业管理服务、云计算服务等各类服务项目。与货物类相似，当服务类项目的预算金额超过 200 万元时，也必须由单位委托进行公开招标，以确保采购过程的透明度和公正性。

(二) 单独项目委托的程序

单独项目委托流程严谨且全面，首先由采购单位向财政部正式提交采购计划，财政部在审核通过后，会将该计划抄送国采中心。随后，采购人需登录中央政府采购网的"采购人平台"，通过点击"单独项目管理"，进一步选择"项目委托"，并根据项目性质（货物类、服务类或工程类）进行相应操作。在填写项目信息及品目信息时，采购人需特别注意，委托函扫描件部分需先下载并填写《中央国家机关政府集中采购项目委托书》，经授权人签字确认并加盖单位公章后扫描上传。对于工程类项目，还需额外上传法定代表人授权委托书及投资概算批复文件等相关资料。

国采中心在收到委托后，会根据项目的具体情况组织招标或非招标采购活动，这期间采购人需积极配合国采中心编制采购文件，并推荐采购人代表参与评标工作。定标完成后，国采中心会在中央政府采购网上公告采购结果，采购人需前往国采中心领取中标（成交）通知书。

接下来，中标供应商与采购人依据中标通知书签订正式合同，供应商随后按合同约定进行施工、送货、安装、调试或提供其他相关服务。最后，采购人根据合同条款进行验收并办理结算手续，从而完成整个单独项目委托流程。

第四章

政府采购信息化技术与运营架构

第一节　政府采购信息化技术方案

一、政府采购信息化的解决方案

（一）网上申报、审批与采购执行子系统

网上申报、审批与采购执行子系统作为政府采购领域的创新工具，为采购人、财政部门及采购机构构筑了一个高度协同、信息化的操作与管理平台。该系统全面覆盖了政府采购的各个环节，通过流程的规范化与信息化，显著增强了采购过程的透明度，使得每一环节都处在阳光之下。它们不仅与财政部门的预算指标、国库集中支付系统实现了无缝对接，通过双向标准接口促进信息共享，还引入了全程动态监管机制，确保采购活动的每一步都尽在掌握，有效强化了政府的监管力度，提高了效率。

为了满足多样化的操作需求，该系统还具备强大的自定义功能，包括业务流程、审批流程、操作权限乃至报表格式的灵活设定，为不同场景下的政府采购提供了量身定制的解决方案。同时，系统在数据安全性方面也下足了功夫，通过保留业务数据修改痕迹、集成电子印章与手写签名等功能，为数据的完整性与不可篡改性提供了坚实保障。此外，贴心的待办事项提示与预警功能更是让用户能够及时掌握工作动态，避免遗漏与延误，进一步提升了采购管理的效率与水平。

（二）电子辅助评标子系统

网上电子辅助评标系统，作为采购机构电子化政府采购体系的关键一环，充分利用了计算机强大的数据处理与分析能力，针对评标环节中海量数据的计算与分析需求，提供了高效辅助工具。该系统通过精细化设定评分规则，并自动校验总分与明细分的逻辑合理性与准确性，同时支持将评分规则保存为模板，实现了评分标准的规范化与可复用性管理。在评标过程中，计算机辅助功能不仅简化了烦琐步骤，还针对不合理报价、打分异常等情况即时发出警报，有效减少了人为干预，优化了评分流程，确保高效且公正。评标完成后，系统能自动汇总分析评标结果，快速生成详尽的评标报告，

并长期存储这些数据，便于监管部门随时查询与监督。此外，系统配备的多样化报表打印功能，使得评标结果呈现更加直观清晰，便于理解。尤为值得一提的是，该系统操作界面友好，引导评标专家按步骤操作，即便使用者计算机技术有限，也能确保评标工作的效率与质量不受影响。

（三）网上询价（竞价）子系统

通过先进的网上询价（竞价）子系统，我们实现了采购流程的深刻变革。该系统允许供应商直接在线上进行报价与竞标，系统则自动完成报价排名，并据此确定最终的成交供应商，随后无缝衔接至合同签订环节。这一创新应用极大地简化了传统采购的烦琐程序，显著提升了采购透明度，有效降低了整体采购成本。同时，它打破了地域界限，使得采购活动不再受地理位置的限制，进一步缩短了采购周期。更为重要的是，网上询价（竞价）系统彻底排除了人为因素的干扰，真正体现了政府采购的公开、公平、公正原则。

具体而言，该系统具有三大显著特点：首先，它极大地拓宽了供应商参与渠道，使得任何符合资格的供应商都能轻松接入，通过简单的鼠标操作即可完成报价，从而大幅缩短了采购时间；其次，从询价公告发布到成交结果确定，整个流程均实现了线上化操作，省去了制作标书、现场投标、专家评审及办理烦琐手续等环节，为各方当事人节省了大量时间与资源，显著降低了采购成本；最后，该系统内置了报价加密功能，确保了供应商报价的机密性与合理性，促进了更加充分的市场竞争，最终由系统自动、公正地选出报价最低的供应商作为成交对象，这一过程不仅高效透明，还有效遏制了商业贿赂行为，为构建健康的市场竞争环境提供了有力支持。

（四）采购资金支付管理子系统

政府采购资金支付管理子系统，作为国库集中支付中心优化资金流转与管理的得力助手，通过构建与财政部门预算指标、国库集中支付系统的双向标准接口桥梁，实现了政府采购流程与财政预算管理、国库支付功能的深度整合。该系统不仅促进了预算指标、用款计划及拨款数据等关键财务信息的无缝共享，还依托自动化对账功能，显著提升了资金支付的效率与准确性，确保了政府采购业务与财务管理流程的一体化、透明化运行。

（五）政府采购专家库自动语音抽取子系统

政府采购评审专家自动语音抽取系统，依托先进的计算机技术，构建了一个集自动随机抽取、即时语音及短信通知、安全加密存储于一体的综合管理平台。该系统能够智能地根据预设条件自动完成评审专家的随机选取工作，并内置自动回避机制，确保专家选择的公正性与专业性。一旦抽取完成，系统将自动通过语音及短信双重渠道向专家发送通知，专家仅需通过手机即可轻松接收并确认信息，极大地提升了通知效率与便捷性。

更为关键的是，抽取结果采用高级加密技术存储，仅在预设的安全时间窗口内方可解密提取专家信息，这一设计从根本上隔绝了人为因素的干扰，维护了评审专家抽取与通知流程的保密性、严肃性与科学性。此外，系统还具备对专家评审工作的全面考评功能，通过综合评价体系促进专家表现的提升，并实现行业专家资源的共享，进一步推动了政府采购活动的公平、公正与高效运行。

（六）政府采购决策辅助管理子系统

政府采购决策辅助管理子系统，依托先进的数据仓库技术精心构建，其核心在于提供高度灵活的报表查询自定义功能。这一功能允许用户根据实际需求，自由组合系统中的各类数据项，动态生成多样化的统计分析数据报告，并以直观的图形化方式展现，极大地丰富了数据呈现的维度与深度。该系统不仅全面满足了国家及地方层面政府采购管理日常的数据汇总与分析任务需求，还展现出强大的应变能力，能够有效应对临时性或突发性的管理分析挑战，为各级领导层提供了坚实的数据支持。通过精准的数据洞察，辅助领导层深入分析问题、科学制定政府采购决策，并精准把握政府采购领域的发展趋势，为政策制定与战略规划提供了可靠的科学依据。

二、政府采购信息化的设计结构

鉴于我国政府采购领域面临的法律政策差异、地区经济发展不均衡等挑战，目前尚未构建全国统一的政府采购信息平台，但部分省份已先行一步，完成了省级政府采购管理的信息化建设。各级政府采购信息系统各司其职，不仅管理本级政府部门及事业单位的采购活动，还通过数据交互机制，实现上级对下级采购工作的监管与指导，同时采用分级授权方式促进省（自治区、直辖市）、市、县三级系统间的数据共享，既保障了全省范围内采购工作的信息化管理，又确保了系统整体的稳定运行与高效维护。

从系统功能层面出发，政府采购信息系统旨在达成双重目标：一是全面电子化政府采购流程，覆盖从计划到结算的每一个环节；二是促进数据资源的广泛共享与业务流程的无缝对接。通过网络平台，该系统紧密连接财政部门、采购代理机构、采购单位、供应商、评标专家及公众，形成一体化办公生态，极大地提升了数据资源的流通效率与业务处理的协同性，推动了政府采购活动的透明化、高效化与智能化发展。

三、政府采购信息化的特点

相较于政府采购信息化初期，当前阶段的政府采购信息化建设在组织管理与业务管理层面均展现出显著升级。在组织层面，政府采购信息系统已全面覆盖所有参与政府采购的实体，实现了跨部门的紧密协作，包括财政部门、采购中心、采购单位、审计监督部门、供应商及专家等，共同编织成一张高效协同的网络。在业务层面，该系统则贯穿了政府采购的每一个关键环节，构建起从需求到执行的完整闭环。

这一转型的核心特点在于：一是数据共享的深度与广度前所未有，通过强化基础数据库（如目录库、专家库、供应商库、商品库、交易记录库等）的建设，确保了信息的无障碍流通与监督的便捷性；二是跨部门作业的顺畅进行，系统设计充分考虑了各参与方的需求与互动，促进了资源的优化配置与流程的精简高效；三是统一市场的构建，系统支持各级政府的统一采购，推动了政府采购市场的规范化与标准化；四是分级管理的精细化实施，既保障了管理的灵活性，又强化了权力制衡的制度安排；五是系统的可扩展性，预留了与预算、财政、行政监察等多系统的标准接口，为未来功能的拓展预留了空间；六是实时监控的强化，使得上级管理部门能够即时掌握采购动态，提升了决策的科学性与时效性。

此外，政府采购信息系统的建设还秉承了先进性与稳定性的双重原则，采用国际主流成熟技术，旨在打造既前沿又可靠的采购平台，为政府采购信息化的持续发展奠定坚实基础。

第二节　政府采购信息化的技术与运营架构

一、政府采购信息化的技术架构

（一）基于 Microsoft.NET 平台的政府采购信息化的技术架构

Microsoft.NET 作为微软公司的前沿技术平台，充分利用互联网的计算与通信优势，结合先进软件技术与智能设备，为用户提供更加简便、个性化及高效的互联网服务。在全球互联网应用软件技术领域，Microsoft.NET 与另一主流平台并驾齐驱，成为众多管理信息平台开发的首选基础。

随着互联网技术的蓬勃发展，软件架构逐渐从传统的 C/S（客户端/服务器）模式向 B/S（浏览器/服务器）模式演进。初期，部分省市政府采购信息系统采用 C/S 架构，虽其服务器负载轻、响应速度快，但面对政府采购信息化程序日益提高的需求，C/S 架构的局限性逐渐显现，如高配置客户机需求、高昂维护成本及系统升级难度等。相比之下，B/S 架构以其互联网友好性、低客户端依赖及便捷的系统维护升级特性脱颖而出。

B/S 架构通过 Web 浏览器作为用户交互界面，将主要业务逻辑集中于服务器端处理，采用分层设计思想——展现层、逻辑层与数据层，不仅明确了开发角色分工，还极大简化了系统维护与扩展流程。ASP.NET Web 窗体构建展现层，用户通过浏览器即可接入系统，实现数据输入与浏览，并与 C#编写的逻辑层商业组件交互，后者则通过 ADO.NET 与 SQL Server、Oracle 等数据库工具包进行数据通信。

在此架构下，客户端多样化得以实现，仅需 Web 浏览器即可访问，系统升级与维护集中于服务器端，极大降低了管理成本，无论用户规模或地理位置如何变化，操作均指向服务器，实现远程高效管理。尽管 B/S 架构存在服务器负载较重等潜在风险，但通过配备数据库存储服务器等措施可有效防范。综上所述，B/S 架构以其独特的优势，正逐步成为政府采购信息化建设的主流选择。

（二）基于 J2EE 平台的政府采购信息化的技术架构

J2EE，由 Sun 公司匠心打造，作为企业级应用的标准规范，其技术架构独树一帜，旨在通过一系列组件简化并规范应用系统的开发与部署流程，进而增强系统的可移植性、安全性及复用价值。根植于 Java 平台的标准版，J2EE 不仅承袭了其诸多优势，还深度融合了 EJB、Java Servlet API、JSP 及 XML 等先进技术，稳固了自身在国际技术舞台上的主流地位。与 Microsoft. NET 平台不同，J2EE 依托 Apache 等开放源代码的服务器系统，以其操作简便、安全稳定、功能强大的特性，成为众多开发者青睐的选择。

在政府采购管理系统的开发中，鉴于其庞大的数据量，SQL Server 与 Oracle 数据库成为首选：前者以其对 SQL 标准查询语言的支持、数据库复制功能及良好的可扩展性和集成性著称；后者则在处理大数据量和复杂部署时展现出更为卓越的稳定性和安全性。此外，基于 J2EE 平台的政府采购信息系统，可采用面向对象的 MVC 设计模式，借助 B/S 架构实现前后端的高效整合，形成三层网络体系。这一架构的优势在于，客户端仅需浏览器即可实现与服务器的交互，系统升级与维护亦集中于服务器端，极大减轻了客户端负担。

综上所述，J2EE 与 Microsoft. NET 虽各有侧重，但均为构建分布式、复杂、高效且高可靠性的应用程序提供了强有力的支持。J2EE 在跨平台、系统延展性及复用性上表现突出，而 Microsoft. NET 则在易用性及产品生态的完整性上略胜一筹。两者均展现了强大的技术实力，为不同需求的开发场景提供了灵活的解决方案。

（三）政府采购信息化的核心技术

无论选择 Microsoft. NET 还是 J2EE 平台作为技术基础，构建政府采购信息系统的核心目标均聚焦于实现一个稳定高效、功能完备、操作便捷且架构安全的系统。在这一过程中，需直面并妥善解决多个关键技术挑战，包括：

业务流程自定义：基于政府采购法规，灵活应对实际操作中的业务差异，引入用户自定义功能，以高度适配客户需求，增强系统的普适性和推广价值。

全流程信息化管理：覆盖从预算编制、任务分配至招投标、资金支付、业务转账等政府采购全链条，实现业务流程的全面电子化管理。

实时业务处理：构建项目文档库，集成文档操作与业务处理流程，采用 PKI/CA 技术保障电子签名与身份验证的安全性，确保政府采购业务的即时高效处理。

公共信息共享：实现专家库、供应商、商品库等资源的共享，若推广至全国范围，将构建起国家级政府采购信息库，促进信息的透明与流通。

会员制管理：对专家、供应商、采购人实施注册登记制度，分配唯一 ID，通过电子证书参与网上业务，实现内外部系统的高效协同。

网上竞价机制：允许供应商在规定时间内在线报价，系统自动定标并公布结果，遵循价格、信用、时间优先原则，确保公平竞争与透明采购。

决策支持功能：构建数据仓库，深入挖掘与分析采购数据，为管理层提供科学决策依据，提升决策效率与质量。

金财工程信息整合：与财政部门国库集中支付系统、统计报表系统及监察审计监管系统对接，实现信息资源的高度共享，强化监督机制的技术保障。

二、政府采购信息化的运营架构

（一）政府采购信息化的运营架构综述

政府采购的运营高度依赖于政府采购信息系统的构建与运作，该系统通过互联网技术实现了采购执行机构、采购人、供应商及评审专家等多方角色的无缝协同，极大促进了政府采购流程的信息化进程。从预算编制到国库支付，整个采购生命周期——从计划编制、申请、招标、投标、评标、公告发布、合同管理直至供应商履约评价——均被无缝集成于系统内，实现了全程电子化办公，不仅显著提升了业务处理效率，还有效降低了成本。

在安全性构建上，政府采购信息系统通过精细的权限划分，确保各岗位人员仅拥有执行其职责所必需的业务与数据的访问权限，同时采用数据库备份、PKI/CA技术保障电子签名与身份验证，确保交易的真实性与不可抵赖性。此外，外网注册审核机制、网络隔离与防火墙设置等多层次防御体系，共同构筑起坚固的安全防线。

在规范性方面，系统严格遵循政府采购法律法规，确保业务流程与数据流的合法性，减少人为错误。同时，对供应商、商品等基础数据实施标准化管理，维护全省数据的一致性，提升政府采购的透明度和规范性。

尤为重要的是，系统构建了动态、全面的基础数据库，由省级财政部门统一管理供应商与商品信息，实时反映市场动态，支持企业自主注册上传产品信息，实现了信息资源的广泛共享。这一庞大的数据库不仅为政府采购提供了丰富的信息支持，也是推动政府采购高效、透明运营的关键力量。

针对省、市、县三级架构，政府采购信息系统灵活采用集中式、分布式或混合式数据存储方案，以适应不同层级的需求，确保数据的完整性与可访问性，进一步优化了政府采购业务的运营效能。

（二）集中式运营架构

集中式运营架构，作为政府采购数据管理的核心策略，旨在实现数据的集中存储与统一管理。在此架构下，上级政府不仅负责本级采购信息的维护，还实时接收并处理下级政府产生的采购数据，同时通过分级授权机制，确保下级政府能够安全访问数据中心。这一模式最大化地利用了数据中心资源，促进了数据的规范化与标准化处理，有效避免了采购信息不一致的问题。从运营成本视角审视，集中式架构简化了设备配置、系统安装与数据保护流程，减轻了基层单位的软件开发负担，避免了重复建设，显著降低了管理成本，并优化了服务器资源使用效率。

然而，集中式架构亦有其局限性。高依赖性的网络传输要求对网络带宽提出了严苛挑战，可能影响数据传输效率。此外，下级政府在业务处理上受限于上级系统流程与权限设置，牺牲了部分灵活性。同时，虽然数据维护相对集中便捷，但一旦数据中心遭遇故障，其影响范围将极为广泛，因此数据备份工作至关重要。

综合考虑，集中式运营架构尤其适合市、区（县）两级政府采购信息平台建设，特别是在资源相对匮乏的区县，该架构能有效缩减建设与管理成本，是推动政府采购信息化进程的高效选择。

（三）分布式运营架构

分布式运营架构，其核心在于数据本地化存储与自主管理，即各单位自行负责其政府采购信息的维护与安全，通过 IMTS 等手段进行必要的数据传输，并定期汇总共享。在此架构下，各级政府通过统一标准或兼容系统实现采购信息的互操作性，上级政府可分布式访问下级单位的采购数据。此模式尤其适用于技术底蕴深厚、偏好数据本地化的政府机关。

从安全视角审视，分布式架构强化了数据管理的安全性，各地方政府直接掌控数据优化与保护，减少了数据传输中的潜在风险。在灵活性方面，该架构赋予使用单位高度自主权，允许个性化设置元数据与灵活处理采购业务，仅在出现数据汇总分析等特定需求时触发网络传输，从而减轻了对网络带宽的依赖。

然而，分布式架构亦非尽善尽美。它要求总部与分支均部署防火墙并配备专业维护人员，对地方政府而言，这意味着较高的初期投资与技术门槛。此外，在独立管理模式下，其管理成本攀升，且服务器资源可能因非集中利用而闲置，影响整体效率。这些挑战提醒我们，在选择运营架构时需全面考量实际需求与资源条件。

（四）混合式运营架构

混合式运营架构，作为一种创新的管理模式，巧妙融合了集中式与分布式架构的精髓，旨在灵活应对各级政府多样化的采购管理需求。在这一架构下，市、区（县）两级政府采用集中式运营，实现数据的集中存储与统一管理，便于资源的集中调配与高效利用，同时促进采购信息的规范化和标准化，减少基层单位在软硬件配置及系统维护上的负担。而与省级政府之间，则采用分布式运营架构，确保各省级平台拥有相对独立的运营空间，能够根据各自实际情况灵活调整策略，满足更为复杂或特殊的采购需求。

此架构的灵活性是其显著优势之一，它允许根据不同区域的经济、技术条件及具体业务场景，进行个性化配置与优化，从而为大范围的政府采购信息系统建设提供了强有力的支撑。国内众多省份的政府采购信息系统采纳了这种架构，正是看中了其在平衡集中管理与分散灵活方面的独特价值。

然而，混合式运营架构也面临挑战，如资源分配不均的问题，特别是在跨区域、跨层级的数据交换与共享过程中，确保资源的均衡配置与高效利用成为关键。此外，随着系统规模的扩大与复杂度的提升，保持整体架构的稳定性与可扩展性，避免资源闲置与浪费，也是需要持续探索与优化的方向。

展望未来，随着信息技术的飞速进步，特别是云计算、大数据、人工智能等前沿技术的应用深化，混合式运营架构有望获得进一步的优化与升级。通过引入更先进的资源调度算法、动态负载均衡技术，以及智能化的运维管理系统，有望解决当前存在的资源分配不平衡、利用率低等问题，为政府采购信息系统的建设与发展开辟更为广阔的前景。

第三节　云计算环境下的政府采购

一、云计算简介

云计算，这一近年来迅速崛起的计算与商业模式，不仅是分布式处理、并行处理及网格计算技术的商业化飞跃，更是 IT 服务领域的一次深刻变革。它巧妙融合了 IaaS（基础设施即服务）、PaaS（平台即服务）、SaaS（软件即服务）等概念，构建了一个灵活、高效、可扩展的资源与服务共享生态。在云计算的架构下，庞大的计算资源与存储能力被封装成一个虚拟的"资源池"，允许各类应用根据实际需求动态调配这些资源，从而极大地提升了资源利用效率与应用部署的便捷性。

云计算的核心优势在于其去中心化的数据处理模式。用户数据不再局限于本地设备，而是安全地存储在云端数据中心，由专业的服务供应商负责维护与管理。这意味着用户无论身处何地，只需接入互联网，即可通过轻量级的终端设备访问到几乎无限的计算能力和存储空间，享受高性能的计算服务与应用体验。这种模式极大地降低了用户端的硬件配置要求，促进了技术的普及与应用创新。

从应用层面看，云计算提供了多元化的服务模式以满足不同场景的需求。公共云以其大规模、开放性的特性，为互联网上的广大用户提供通用的计算服务；私有云则为企业或组织构建了专属的、高度安全的计算环境，确保数据私密性与业务连续性；混合云则结合了二者的优势，实现了资源的最优配置与灵活调度。

在服务模式细分上，SaaS、PaaS、IaaS 各司其职，共同支撑起云计算的庞大体系。SaaS 模式让用户能够按需订购软件服务，无需自行搭建和维护复杂的 IT 基础设施，降低了成本与门槛；PaaS 则进一步将开发环境、工具和服务封装成云上资源，赋能开发者快速构建、部署和迭代应用，促进了应用的敏捷开发与协同创新；IaaS 则直接提供底层的计算资源、存储资源和网络资源，让用户能够像搭积木一样构建自己的 IT 架构，灵活应对业务变化。

云计算时代，服务的边界被无限拓宽。平台、架构、软件乃至一切 IT 资源都被商品化，用户可以根据实际需求灵活购买，无需从零开始建设。这种全新的服务模式不仅简化了 IT 部署流程，降低了运维成本，还极大地促进了资源的全球共享与高效利用。

在全球网络资源分布不均、计算性能差异显著的背景下，云计算以其敏捷性、经济性和科学性，为资源的动态优化与均衡分配提供了可能，引领着 IT 产业向更加智能、绿色的方向发展。

二、云计算环境下政府采购信息化的技术架构

在追求高效、灵活且成本效益最大化的政府采购信息化建设道路上，采用基于云计算环境的系统构建方案无疑是一个具有前瞻性的选择。云计算以其无可比拟的优势，为政府采购信息系统的革新提供了强大支撑。根据服务模式的差异，云计算平台可细分为基础设施云、平台云和应用云三大类别，各自以其独特的服务特性满足不同需求。

基础设施云作为底层基石，提供了近乎原生、高度灵活的计算资源、开发环境与存储空间，尽管其使用复杂度较高，要求用户重新开发所有应用功能，但其无限的扩展性和定制化潜力不容小觑。平台云则扮演了中间件角色，为已开发应用提供了一个安全、可靠的托管环境，降低了运维门槛，加速了应用部署速度。而应用云，以其即用即走的便捷性，通过浏览器即可访问的丰富应用程序，极大地简化了用户操作，尽管在灵活性上略逊一筹，却极大提升了用户体验。政府部门可根据自身实际需求，灵活选择或组合这些云服务类型，进行试点推广，逐步优化采购信息系统的构建路径。

在云计算平台上构建的政府采购信息系统，遵循分层设计理念，划分为客户端、应用层、平台层与基础设施层，每一层均以服务为核心，体现了云计算的核心理念——即服务（SaaS，PaaS，IaaS）。这种模式下，政府部门无需承担高昂的硬件购置与维护成本，转而通过购买服务的形式，从多元化的服务商中获取所需的基础设施支持。应用服务层不仅能够满足政府采购工作的日常业务处理需求，还具备高度的灵活配置能力，支持快速系统升级，确保信息系统紧跟业务变化步伐。

尤为值得一提的是，云计算平台通过其强大的资源调度能力，实现了跨地域计算资源的动态优化分配，极大地提升了资源利用效率。无论是数据存储还是安全维护，云计算均展现出前所未有的高效与便捷，有效降低了数据丢失与泄露的风险。这种服务模式的转变，不仅是对传统 IT 架构的一次深刻革命，更是对社会资源的一次高效整合，类似于从分散的家庭供暖向集中供暖的转型，实现了资源利用的最大化与社会效益的最优化。

三、云计算环境下政府采购的运营架构

在云计算的赋能下，政府采购的工作模式正经历一场深刻的变革，呈现出前所未有的多元化与高效性。工作人员能够跨越时空限制，利用多样化的终端设备无缝接入云端平台，享受一体化、智能化的业务处理体验。这一转变不仅极大简化了数据传输流程，提升了资源利用效率，还通过按需付费的服务模式有效削减了资源闲置成本，实现了资源分配的最优化。更重要的是，云计算服务商承担起系统运维的重担，让政府采购人员得以从繁重的 IT 管理事务中解脱出来，专注于核心业务，从而显著提升了工作效率与服务质量。

　　从运营成本视角审视，电子化政府采购云计算平台的构建是国家财政智慧化转型的关键一步。面对政府采购领域长期以来存在的机制多样、机构运行模式繁杂、重复投资现象严重等问题，云计算平台以其高度集成、资源共享的特性，为破解这些难题提供了创新方案。相较于传统模式下各单位各自为政、重复建设的高昂成本，云计算中心以极低的初始投资与运维费用，实现了全国范围内政府采购系统的统一规划与高效运营，极大地节约了国家财政资源。

　　数据共享方面，云计算平台构建起覆盖全国的数据网络，采购人、供应商、商品信息等关键数据实现实时互通，为政府采购决策提供了全面、准确的数据支撑。这一平台不仅促进了信息透明化，还通过标准化、规范化的操作流程，提升了政府采购的公正性与效率。

　　当然，政府采购信息化进程中的安全性、稳定性与可靠性问题不容忽视。在云计算技术尚不成熟的现阶段，确保数据安全、防范潜在风险，成为亟待解决的关键议题。为此，可采取渐进式策略，将现有成熟技术与云计算技术有机融合，逐步过渡，以最小成本实现最大效益。

　　尽管我国云计算服务仍处于初期发展阶段，相关法律法规尚待完善，但云计算技术所展现出的强大生命力与广阔应用前景已不容小觑。将云计算技术深度融入政府采购信息化建设，不仅是对传统采购模式的革新，更是推动国家治理体系和治理能力现代化的重要举措。未来，随着技术的不断成熟与政策的逐步完善，云计算将在政府采购领域发挥更加重要的作用，引领政府采购工作迈向智能化、高效化的新时代。

第五章

信息化背景下政府采购内部控制体系构建

第一节　政府采购内部控制及其相关理论概述

一、政府采购内部控制及其相关理论

（一）构建政府采购内部控制的必要性

随着计算机、网络及通信技术的飞速发展，我国多个省市已将这些前沿信息技术应用于政府采购领域，纷纷建立起政府采购管理信息系统，标志着电子化政府采购在我国正蓬勃兴起。这一转变不仅显著提升了政府采购的效率，还有效促进了采购行为的规范化。然而，值得注意的是，我国电子化政府采购的实施尚属初级阶段，仍处于探索与完善的进程中。许多地方仅是简单地将传统采购流程数字化，虽实现了效率上的飞跃，但深层次的管理模式与既有管理问题却未得到根本性改变。

更为复杂的是，信息技术的引入也给政府采购的内部控制带来了新的挑战与问题。若这些问题得不到及时有效的解决，随着政府采购规模的不断扩大，其预期效益恐难以充分实现。因此，在推进政府采购信息化的同时，建立健全内部控制体系成为当务之急。这要求充分利用信息技术的强大优势，不仅在于提升采购效率，更在于深刻变革管理模式，严格规范采购行为。在此背景下，将政府采购信息化建设与内部控制体系建设紧密结合，构建一个相互促进、相辅相成的有机整体，成为我国政府采购领域亟待解决的关键课题。

（二）内部控制理论

1. 内部控制的概念

内部控制是由企业董事会、经理阶层和其他员工实施的，为营运的效率效果、财务报告的可靠性、相关法令的遵循性等目标的实现而提供合理保证的过程。其构成要素包括：控制环境、风险评估、控制活动、信息与沟通、监控。

2. 内部控制的要素

政府采购的内部控制体系在信息化背景下展现出新的面貌，其五大核心要素紧密

相连，共同构建了一个高效、透明的管理框架。首先，内部环境作为基石，不仅融合了法律法规、组织结构、权责分配及人力资源政策，还通过信息系统强化了权限的硬性控制，对员工的综合素质提出了更高要求。其次，风险评估环节精准识别并量化影响目标达成的潜在因素，为制定有效应对策略提供了科学依据。在控制活动方面，信息化促进了人机协同控制模式的形成，将焦点转向政府采购业务流程设计与系统安全，同时借助系统自动化实现对员工工作的监督。信息沟通则成为保障政府采购公开、公平、公正的关键，贯穿于内控全过程，实现了多维度、多层次的交流互动，包括与供应商、评审专家等外部利益相关者的有效对接。最后，内部监督在信息化技术的加持下，兼具人工与程序控制的双重特性，监督范围扩展至人工操作与程序执行两大领域，且监督时机由事后转向事前与实时，显著提升了监督的时效性与精准度。

（三）信息化环境下政府采购内部控制理论基础

1. 系统理论

系统理论，由贝塔朗菲奠基，是一门融合逻辑与数学的科学，它深刻阐述了系统、要素与环境之间的内在联系与互动规律。系统，被贝塔朗菲定义为"相互关联且与环境交互作用的组成部分的总体"，而钱学森则进一步阐述为"由相互作用和依赖的多个部分整合而成的具有特定功能的整体"。两者的共识在于，系统具备三大核心特征：首先，系统由多个相互依存、相互作用的要素构成，这些要素共同编织成一个有机整体；其次，系统承载着明确的功能与目标，指引着整体运作的方向；最后，系统论强调整体与部分、部分与部分以及整体与外部环境的动态平衡与适应性，强调系统需在不断变化的环境中保持其生命力。

要素，作为系统的基本构建块，不仅是系统存在的基础，还通过它们之间的特定联系与相互作用构建系统的复杂性。要素的相对性赋予了系统多层次结构，每一要素既是上一层次系统的基础单元，又可能作为下一层次系统的核心，从而形成多级嵌套的系统体系。在信息化政府采购内部控制系统中，这种多层次性尤为显著，如内部环境、信息系统控制、业务活动控制等子系统相互交织，而业务活动系统内部又进一步细分为预算编制、采购申报、采购执行等子系统，展现了系统理论的深刻应用。

环境，则是系统外部所有关联事物的总和，对系统产生着不可忽视的影响。在多层次系统中，每一子系统对于其他子系统而言即构成了一种特定的环境。系统内部各要素的活动及其与环境的交互，共同塑造了系统的独特功能。功能耦合现象尤为突出，子系统间的输出与输入形成紧密循环，任一环节的脱节或薄弱都将波及整体效能。在政府采购内部控制系统中，专家抽取与评标系统间的紧密联动便是一例，专家信息的准确抽取直接影响评标过程，而评标结果又反馈于专家评估，体现了功能耦合的稳定与重要性。因此，确保政府采购业务活动各环节的有效控制，是维护整个系统高效运作的关键所在。

2. 信息论

信息论，这一诞生于20世纪40年代末的学科，深刻揭示了信息在控制系统中的核心作用——作为系统内外相互作用与交换的核心内容，信息引导着物质与能量的有序流动。在内部控制系统的构建中，信息系统占据着举足轻重的地位，它是连接各要素、确保系统高效运行的桥梁。香农的狭义信息论视信息为不确定性减少的度量，而广义信息论则进一步融合了控制论、计算机科学、人工智能与系统论，形成了一个更为综合的框架，为信息化环境下的政府采购内部控制研究提供了坚实的理论基础。

在政府采购领域，内部控制的有效实施高度依赖于信息的流通与处理。控制与信息相辅相成，信息的每一次传递与加工都是为实现控制目标服务；反之，任何控制策略的执行都离不开信息的支撑。信息不仅是政府采购内部控制的媒介，更是确保采购目标达成的关键。面对实际执行中因各种因素导致的目标偏差，信息反馈机制成为调节与控制的核心。通过及时、全面地收集并分析反馈信息，与预定目标进行对比，识别偏差并采取措施予以纠正，这一过程正是通过信息渠道将调整指令迅速传达至相关执行机构，从而实现对政府采购活动的有效监控与管理。

3. 控制论

在信息化环境下，政府采购内部控制体系的运作机制紧密围绕着几个核心组件展开，这些组件协同工作，确保采购活动的顺利进行与高效管理。

比较器作为这一机制的核心逻辑单元，承担着至关重要的角色。它如同一位裁判，负责将输入的目标值（即期望达到的采购标准或目标）与实际发生的信息（如实际采购数据、流程执行情况等）进行细致入微的对比。这一过程不仅自动化程度高，而且依托政府采购相关数据库的实时数据支持，实现了对控制标准的即时调用与对比分析。比较器输出的不仅仅是简单的偏差信号，更是对采购活动精确性的一次量化评估。根据这些偏差信号，系统可以选择实施刚性控制，直接通过预设规则对受控对象进行调整；或者采取更为灵活的柔性控制策略，将偏差信息及控制决策权交予施控系统，以便根据实际情况做出更人性化的调整。

施控系统则是响应偏差信号，实施调整策略的关键环节。它如同一位智慧的决策者，能够根据比较器输出的偏差信息，结合政府采购政策、法规等宏观指导原则，自动计算并生成调整量，这些调整量随后被精准地应用于受控系统，作为输入信号以纠正偏差，确保采购活动的输出（如采购结果、成本效益等）与目标值高度一致。政府采购管理者在这一过程中发挥着至关重要的作用，他们利用自身权限，依据专业知识与经验，采取必要的补偿措施，有效消除偏差，实现对采购活动的柔性而精细的管理。

受控系统，即政府采购活动的全过程，是这一控制机制直接作用的对象。它涵盖了从预算编制、需求确定、供应商选择、合同签订到履约验收的每一个环节，每一个细节都受到内部控制体系的严格监管与调整。受控系统的稳定运行，直接关系到政府采购活动的效率与效果，是内部控制体系追求的目标所在。

而反馈通道，则是连接受控系统与比较器之间的信息桥梁。它负责实时收集、汇总并传递政府采购活动中产生的各类信息，为比较器提供全面、准确的数据支持。反馈通道的高效运作，确保了控制过程的透明度与响应速度，使得整个内部控制体系能够基于最新、最全面的信息做出决策，进而不断优化采购活动，提升管理效能。通过这一闭环反馈机制，政府采购内部控制体系形成了一个自我调整、自我优化的动态系统，为政府采购活动的规范、高效运行提供了有力保障。

二、信息化环境下政府采购内部控制体系的构建思路

（一）信息化环境下政府采购内部控制体系构建的目标和原则

在信息化背景下构建政府采购内部控制体系，其首要任务是明确体系构建的目标，这应紧密围绕系统论的核心思想，即所有构成要素均服务于实现系统总目标。政府采购内部控制体系的目标，根植于政府采购的根本宗旨——强化财政支出管理，服务公共利益，因此，提升政府采购效率与财政资金使用效益成为其首要追求。

构建过程中，需遵循一系列关键原则以确保内部控制体系的有效性与实用性。首先，合规性与实用性并重，既要严格遵守国家法律法规及相关监管要求，如《政府采购法》《中华人民共和国预算法》等，又要结合地方实际，制定切实可行的内部控制制度。其次，坚持全面控制与关键点控制相结合，既要实现对政府采购全业务流程的广泛覆盖，又要精准把控关键业务节点，防止舞弊行为的发生。再次，遵循目标导向原则，内部控制的设计应紧密围绕既定目标展开，通过定期检查、考核与反馈机制，不断优化控制策略，确保内控目标的实现。最后，在信息化环境下，应充分利用信息系统的强大功能，实现物资流、信息流与资金流的深度融合。这一转变打破了传统事后汇总信息的局限，使得信息能够实时伴随业务进程录入系统，确保了数据的时效性、准确性和全面性。通过信息系统的集成与数据共享，内部控制体系得以构建成一个紧密关联的网络，利用用户权限限制强化内部牵制与不相容职务分离，财务数据直接源自业务数据，极大地提升了内部控制的效能与透明度。

（二）信息化环境下政府采购内部控制体系的构建思路

1. 完善内控环境，加强信息系统内部控制

信息技术的深度融入正深刻改变着政府采购活动的面貌，同时也对政府采购内部控制环境提出了新的挑战与要求。这一变革不仅促使相关法律法规体系亟须更新，以适应信息化采购的新模式，还对从业人员的专业素养和技术能力提出了更高标准，强调了持续优化内控环境的重要性。

在构建政府采购内部控制体系时，必须确保该体系能够全面覆盖采购活动的每一个细微环节，从预算编制到合同执行，再到履约验收，各相关机构的职能均需得到有效监管与控制。尤为关键的是，在信息化的大潮中，信息技术已成为支撑政府采购高效运作不可或缺的力量，因此，对采购流程的每一环节实施有效控制，实质上也是对信息技术应用效果的一次深度审视与强化。

在此背景下，加强对信息系统的内部控制显得尤为迫切且重要。信息系统不仅是数据采集、处理与传输的核心平台，更是内部控制策略得以实施的技术基石。因此，将信息系统的内部控制作为政府采购内部控制体系的关键组成部分，不仅是对当前信

息化趋势的积极响应，更是确保采购活动公正透明、高效有序运行的内在要求。通过建立健全信息系统的内控机制，可以有效降低技术风险，提升数据安全性，为政府采购内部控制体系的稳健运行提供坚实保障。

2. 以业务循环为基础，构建政府采购内部控制系统

政府采购业务流程细分为预算编制、采购申报、执行、履约验收及资金支付等多个子流程，这些子流程在内部控制系统中扮演着子系统的角色，共同编织成一个结构完整、运作流畅的系统网络。为确保内部控制的有效性，需深入剖析各子系统的内部控制机制，明确控制要素，促进各环节间的紧密衔接与高效沟通。

在具体操作中，首先需依据目标导向原则设定各业务环节的控制目标，随后识别并分析影响目标达成的潜在风险因素，进而锁定关键控制点——即那些在业务流程中作用显著、影响深远、对保障整体控制目标至关重要的环节。在信息化环境下，这要求对各子系统进行细致梳理，精准定位各关键环节及其控制点。

控制活动的设计则需兼顾人与系统的协同作用，明确界定执行主体、活动内容、执行时机、地点及频率，确保控制措施既全面又具操作性。同时，根据控制活动的性质，可将其划分为预防性控制与检查性控制两大类：预防性控制侧重于事前防范，旨在消除潜在风险；而检查性控制则聚焦于事中监控，确保问题一旦浮现即被及时发现并纠正，双管齐下，共同保障政府采购目标的顺利实现。

3. 形成政府采购内部控制与内部控制评价的循环推动

内部控制体系作为一个高度集成的有机系统，其核心在于构建一个持续进化的闭环结构，而内部控制评价正是这一闭环中不可或缺的反馈环节，它不仅是内部控制体系完整性的重要组成部分，更是推动体系自我完善与优化的关键动力。在政府采购活动中，控制程序的实施初衷在于防范特定风险，然而，随着内控环境、组织结构等内外部条件的动态演变，政府采购所面临的风险图谱及其驱动因素亦会相应发生变化，这就要求控制活动必须保持高度的灵活性与适应性，紧跟形势变化而适时调整。

尤为值得注意的是，在信息化时代的大潮中，这些变化的速度与幅度均被显著放大，使得内部控制体系必须具备更强的预见性与响应能力。因此，对现行内部控制进行定期且深入的评价，成为确保政府采购目标得以实现的重要保障措施。这一评价过程不仅是对当前控制程序有效性的检验，更是对未来潜在风险的前瞻性预判与应对策略的制定。

综上所述，政府采购内部控制体系应当被视为一个动态循环的生态系统，其中内部控制与评价环节相互依存、相互促进，形成了一种良性的循环推动机制。通过这种机制，内部控制体系能够不断自我审视、自我调整，以更好地适应外部环境的变化，确保政府采购活动始终在高效、透明、合规的轨道上前行。

第二节　信息化背景下政府采购内部控制体系的构建

一、完善政府采购内部控制环境

（一）建设系统、完善的政府采购法律法规体系

政府采购作为强化财政支出管理、提升公共资源分配效率的关键手段，其规范性受到国家法律法规的严格约束。为确保政府采购活动的公正、透明与高效，亟需构建一个系统、完善的法律体系，以全面规范政府采购行为。当前，首要任务是加速制定《政府采购法》的实施细则，并配套出台招投标管理、采购信息管理、评审专家管理、供应商管理、采购人员资格认定及采购资金支付办法等一系列详尽制度，形成闭环管理体系。

同时，鼓励各地在法律框架内，结合本地实际情况，灵活制定具有地方特色的政府采购制度与管理办法，以此丰富和完善政府采购法律法规体系，增强其适应性与可操作性。各级地方人大和政府应积极响应，制定与政府采购法相衔接的地方性法规与行政规章，确保政府采购活动在地方层面也能得到有效监管与规范。

此外，面对电子化政府采购日益普及的趋势，我国应加快立法步伐，填补信息化采购领域的法律空白。传统采购法律法规在应对数字化转型时，其局限性愈发凸显，如重复采购问题频发、操作程序不规范、采购模式界定模糊等。因此，在推进采购信息化的同时，必须同步进行法律法规的修订与创新，以法律手段保障电子化采购的顺利实施，进一步提升采购效率，确保信息化改革成果的有效转化与利用。

（二）合理设计组织结构，实现采购管理、执行和监督相分离

构建一个分工明确、协作紧密且相互制约的政府采购组织结构，是确保政府采购内部控制高效执行的关键基石。这一结构的核心在于实施"管采分离"管理模式，即明确划分采购管理、采购执行与采购监督三大职能，确保权力分散与制衡，避免利益冲突。

在政府采购管理信息系统的设计中，授权控制机制被前置部署，以确保采购管理、执行与监督职能分别由独立部门承担，各部门间既相互协作又彼此制约，形成了一套科学的内部制衡体系。同时，该系统集成了物流、信息流与资金流，实现了采购流程中采购权、验收权与付款权的彻底分离，进一步增强了内部控制的严密性。

具体操作流程上，采购单位依据实际需求在系统中录入采购信息，包括技术规格与预算金额等，经财政局审批后，由专业的采购代理机构负责执行采购任务，而财政局人员则被严格排除在直接采购活动之外，以此实现管理与执行的清晰界限。供应商选定后，采购双方签订合同并将合同详情录入系统，再由财政局复审，确保合同的合

法性与合规性。随后，供应商履行合同义务，采购单位独立进行验收，实现采购与验收职能的分离。验收合格后，采购单位在系统内提交资金支付申请，经采购办审核无误，国库部门直接将款项划拨至供应商账户，从而完成了从采购到付款的闭环管理，确保了整个采购流程的透明、公正与高效。

二、政府采购管理信息系统控制

（一）系统开发与维护控制

在政府采购管理信息系统的全生命周期中，授权控制、系统测试与转换控制以及文档管理控制是确保系统安全、高效运行的关键环节。授权控制贯穿于系统开发与系统维护两大阶段，要求从软硬件评估至系统实施各阶段均需政府采购用户的深度参与及管理人员的严格审批，以保障开发进度与质量，确保系统功能模块贴合用户需求、遵循既定政策规划，并内置有效的内部控制机制。同时，系统维护时任何修改均需通过正式审批流程，维护操作需在不影响系统正常使用的前提下进行，确保系统稳定性。

系统测试与转换控制则聚焦于系统性能验证与新旧系统交替过程的平稳过渡。测试环节全面评估系统的可靠性、效率、安全、可维护性及应对突发事件的能力，测试团队由用户与开发人员共同组成，确保测试结果的客观性与准确性。转换过程中，数据文件的迁移尤为关键，需制订详尽的转换计划、应急预案及数据备份策略，迁移后严格测试数据完整性，保障重要采购数据的安全性与保密性。

文档管理控制则是对系统开发及维护过程中产生的重要文档进行系统化管理，这些文档不仅是系统维护人员的操作指南，也是开发团队与用户沟通的桥梁。开发文档涵盖需求分析、设计、编程、测试等各阶段成果，维护文档则记录系统更新、漏洞修复等信息。妥善保管这些文档，对于保障系统的长期稳定运行、促进知识传承至关重要。

（二）操作控制

为确保政府采购管理信息系统的安全、高效运行，需实施严格的操作权限控制机制。该系统应内置授权与权限行使功能，对数据库文件的访问进行严格管理，确保仅授权人员能通过特定用户名与密码进入系统，且其操作权限严格限定在授权范围内。例如，预算单位用户仅被赋予录入与修改采购申请的权限，无权审核；而财政部门采购管理人员则负责审核申请，但无权随意修改数据，以此维护数据的安全性与保密性。

此外，制定详尽的信息系统日常操作手册至关重要，该手册应明确规定系统的使用方法与操作规程，指导各类操作人员遵循既定制度与流程操作系统，从而保障数据处理的精确无误与完整性。

同时，引入操作日志功能，用于全面记录每次操作的具体详情，包括时间、操作人员及操作内容，为审计与监管提供坚实依据。操作日志不仅有助于追溯操作历史，还能帮助政府采购监管人员迅速识别并解决系统使用中的问题，进一步提升系统的运行效率与合规性。

（三）安全控制

在构建政府采购管理信息系统的安全保障体系时，需综合考虑用户账号管理、网络安全、数据安全、软件控制、硬件控制及灾难恢复等多个维度。首先，用户账号管理应确保岗位权限清晰界定，实行统一账号管理，并在员工离职时即时废止其账号权限，以防潜在风险。网络安全方面，通过数据加密、双方认证等机制，如采用密钥登录，保障数据传输过程中的完整性、保密性。数据安全控制则聚焦于防止数据破坏与泄露，实施严格的访问控制、定期数据备份至安全地点等措施。

软件控制方面，强调使用正版软件以确保系统稳定运行，同时实施授权操作、安全系数设置、防火墙与杀毒软件部署等策略，全方位守护信息系统安全。硬件控制则涵盖保护硬件及其信息载体免受内外部威胁，包括维护适宜的工作环境、实施接触授权、配置不间断电源、规范设备维护流程等。

此外，鉴于灾难性事件的不可避免性，政府采购管理部门必须制订详尽且可执行的灾难恢复计划，以减轻此类事件对信息系统可能造成的损害，确保业务连续性不受影响。

综上所述，这些措施共同构建了一个多层次、全方位的信息系统安全保障框架。

三、信息化环境下政府采购业务活动控制

（一）政府采购预算编制内部控制

政府采购预算作为财政支出管理的首要环节，其精准编制与有效执行对于提升整个政府采购流程的效率与质量具有举足轻重的意义。作为事前控制的核心，政府采购预算不仅影响着后续采购活动的顺利进行，还直接关系到财政资金的合理配置与高效利用。因此，确保预算内容的准确性、合理性成为该环节的首要控制目标。

预算编制过程中，需严格依据政府采购目录与限额标准，细化至所需货物、工程及服务的具体配置、数量、预算金额及需求时间等关键要素。为达成这一目标，需构建一套科学的目标值与控制准则体系。通过资产配置标准的设定与资产管理系统的对接，精确计算出基于总需求与现有资产状况的实际采购需求，从而锁定采购项目种类与数量的目标值。同时，建立商品信息库，动态整合市场商品价格、性能等全面信息，为预算金额的设定提供坚实市场依据，确保预算的合理性与市场适应性。

在控制策略上，采取刚性与柔性相结合的控制方式。刚性控制针对采购项目的数量与价格，一旦实际输入预算超出预设目标值，系统自动拦截，确保预算的刚性约束。而柔性控制则适用于采购项目种类等难以量化的因素，通过提交至政府采购管理者处进行审批，实现人工干预与智能系统协同作业，既保证了灵活性，又不失严谨性。

预算编制完成后，需经财政部门严格审批，确保预算的合法性与合规性。获批预算，除涉密部分外，应全面公开，接受社会监督。此举旨在提升政府采购透明度，增强公众参与度，让纳税人成为监督主体，从根本上遏制腐败滋生，确保每一分财政资

金都能高效、廉洁地服务于公共利益，真正实现财政资金使用效益的最大化。

此外，随着信息技术的不断发展，政府采购管理信息系统应持续优化升级，利用大数据、人工智能等先进技术，进一步提升预算编制的智能化水平，实现预算执行的动态监控与实时调整，为政府采购活动的全过程提供强有力的技术支持与保障。

（二）政府采购申报内部控制

政府采购申报阶段作为整个采购流程的起点，其工作重心在于精准对接采购需求与财政预算，确保采购活动的合规性与效率。此阶段，采购人需依据既定的采购预算，紧密结合实际需求，科学规划采购项目的实施进度，并适时提交详尽的采购申请至主管部门。这一申请随后经历多层级审核流程，包括主管部门的初步审核、市财政局分管业务科室的资金审批确认，最终递交至市政府采购管理办公室进行综合评估。

政府采购管理办公室在收到申请后，会综合运用多项考量因素，如采购规模、年度政府集中采购目录及限额标准等，来精准判定适宜的采购组织形式与采购方式。此环节的控制目标明确且具有双重性：一是确保申报项目的种类、数量、金额严格遵循合理性原则，且与已批复的政府采购预算紧密契合，避免无预算采购，有效落实采购资金；二是根据采购项目的特性与要求，灵活而严谨地选择最为恰当的采购方式，以最大化实现采购效益与公平性。

为实现上述目标，预算控制机制在此阶段发挥着核心作用。通过信息化系统，采购单位需详尽录入采购项目的种类、数量、金额、拟采用的采购方式及预计采购时间等关键信息。系统内嵌的比较器随即启动，自动将录入的实际信息与预算指标数据库中的目标值进行精密对比分析。这一对比分析不仅限于简单的数值校验，更涉及采购项目合理性的深度评估，确保每一项申报均不突破预算框架，有效遏制了超预算采购行为。

对于采购项目的数量与金额，系统通常实施严格的刚性控制策略，即一旦申请金额逾越预算限额，系统将即时阻断申报流程，确保预算的严肃性与约束力。然而，面对复杂多变的市场环境，系统亦保留了柔性控制的灵活性。当确有充分理由需追加预算时，采购单位可按程序提交追加预算申请，经政府采购管理部门严格审核批准后，方可继续申报流程，这样既保障了采购活动的顺利进行，又维护了预算管理的刚性。

此外，为避免化整为零规避公开招标等不合规行为，系统还设置了时间间隔刚性控制准则。通过自动检索并比对同一采购项目的前次申报时间，系统能智能识别并阻止短期内重复申报的行为，迫使采购单位严格按照公开、公正、公平的原则，选择合适的采购方式，尤其是当项目达到法定限额标准时，必须采用公开招标方式，从而全面提升了政府采购的透明度与规范性。

（三）政府采购履约验收和资金支付内部控制

政府采购的履约验收与资金支付环节作为整个采购流程的尾声，其重要性不言而喻。履约验收不仅关乎采购人的权益保障，更是确保采购成果符合预期质量的关键步骤；而资金支付则直接影响到供应商的切身利益，同时也是对政府采购资金使用效率的终极检验。以往，实践中往往侧重于采购执行阶段，而对履约验收环节重视不足，这一现象亟须纠正。

在履约验收环节，我们强调采购单位与专业验收机构的双重把关，确保采购与验收职能的明确分离，既避免了权力集中可能带来的舞弊风险，也促进了验收工作的专业性与公正性。邀请未中标供应商参与验收，不仅利用了他们的行业知识与专业见解，增强了验收过程的透明度与监督力度，还为供应商提供了宝贵的学习与交流机会，促进了市场的健康竞争。验收过程中，严格依据采购合同条款逐一核对，确保每一项采购标的物都符合既定标准，验收结果即时录入系统，为后续工作提供准确数据支持。

资金支付环节，我们引入了更为高效、智能的支付方式。通过系统自动比对合同金额与申请支付金额，实现了刚性控制，有效防止了超支现象的发生。财政部门依托数据库信息，快速审核支付申请，大大提高了审核效率与准确性。国库处则直接从数据库中提取审核通过的支付申请，自动生成支付指令，简化了支付流程，减少了人工操作错误，同时也方便了采购单位实时查询支付状态，增强了资金流动的透明度与可追踪性。

此外，建立政府采购信息反馈机制，是提升采购质量与资金使用效率的重要手段。这一机制涵盖了社会公众、供应商、采购人及评审专家等多方反馈，通过全面收集与分析各方意见与建议，我们能够更精准地识别采购活动中存在的问题与不足，及时总结经验教训，优化采购策略，防范潜在风险，推动政府采购工作向更加规范、高效、透明的方向发展。总之，加强履约验收与资金支付环节的管理，构建完善的信息反馈机制，对于提升政府采购整体效能具有深远意义。

第三节　信息化背景下政府采购内部控制评价

一、信息化背景下政府采购内部控制评价指标

基于政府采购内部控制体系的整体设计与内部控制核心要素，并深度融合信息化环境下政府采购的独特性，我们构建了政府采购内部控制综合评价框架，该框架以控制环境、信息系统控制、控制活动、信息沟通与反馈、监督作为第一层次的基本评价内容，全面覆盖了内部控制的关键维度。为了提升评价体系的科学性与实用性，我们遵循系统性、重要性与可测性原则，对第一层次要素进行了细致划分，形成第二层次的具体评价项目。进而，针对每个具体项目，我们进一步细化为第三层次的具体评价指标，这些指标具体而明确，旨在精准衡量政府采购内部控制的实际效果与存在的问题，为持续优化内部控制体系提供坚实的数据支撑与决策依据。

二、信息化背景下政府采购内部控制综合评价模型

（一）评价因素集

在实践中，由于评价客体的差异，可以通过分析讨论结合本地的实际情况对指标予以适当调整，确定适合本地的评价因素集。

（二）确定各级指标的权重

1. 建立层次结构模型

运用 AHP（层次分析法）进行系统分析，首先要将研究对象中所包含的各个因素分组，每一组作为一个层次，按照最高层、若干中间层和最低层的形式排列起来，并标明上一层与下一层因素之间的关系。

2. 构造判断矩阵

按照评价指标体系和 1~9 标度法，对两个要素之间的相对重要性进行判断，每位专家构造不同层次的一组判断矩阵。

3. 确定各指标权重

求出各判断矩阵的特征向量 W，然后经过归一化处理，即可求出每个指标所占的权重。

求判断矩阵的特征向量 W 的分量 W_i，并且进行归一化处理，可用式（5-1）计算。

$$W_i = \frac{\left(\prod_{j=1}^{n} a_{ij}\right)^{1/n}}{\sum_{i=1}^{n}\left(\prod_{j=1}^{n} a_{ij}\right)^{1/n}}, i = 1,2,\cdots,n \qquad (5-1)$$

式中，n 为判断矩阵的阶数。

4. 一致性检验

由于客观事物的复杂性及人们主观判断的差异，判断矩阵往往会偏离一致性，需要进行一致性检验。

判断矩阵的一致性指标（记为 CI）的计算见式（5-2）。

$$CI = \frac{\lambda_{\max} - n}{n - 1} \qquad (5-2)$$

其中，$\lambda_{\max}$ 为判断矩阵的最大特征值，CI 的值越大，判断矩阵的一致性就越差。由于判断矩阵的阶数越大，一致性就越差，所以引入修正值，即平均随机一致性指标 RI。将 CI 与 RI 进行比较，得出检验数 CR。一般认为，当 $CR < 0.1$ 时，判断矩阵具有可接受的一致性。CR 的计算见式（5-3）。

$$CR = \frac{CI}{RI} \qquad (5-3)$$

5. 确定各指标的最终权重

去除没有通过一致性检验的专家的结果，将通过一致性检验的专家意见进行算术平均得出各指标所占的权重。

（三）评语集

评语集表示被评价因素的优劣程度。这里将政府采购内部控制评价指标的评语分为优、良、中、差四个等级，则评语集 $V = \{$优，良，中，差$\}$，可记为 $V = \{V_1, V_2, V_3, V_4\}$。专家可以根据评价单位政府采购内部控制的实际情况对具体评价指标的控制状况给出优、良、中、差四个等级（各评价指标的含义及评价标准见附录）。为了使政府采购内部控制评价结果更为直观，按等差打分法，这里设评语集对应的分数集 $F = \{100, 80, 60, 40\}$，最后可以得到一个具体的分值。

（四）模糊综合评价

运用专家调查法与算术平均法能够直接计算出各三级指标的隶属度，据此构建出模糊评价矩阵。随后，通过模糊综合运算方法，将三级指标的模糊评价矩阵聚合生成二级指标的评价矩阵；进而，基于二级指标的评价矩阵再次进行模糊综合运算，推导出一级指标的评价矩阵。最终，对一级指标执行模糊综合评价，从而全面而系统地得出政府采购内部控制的整体综合评价结果。这一过程确保了评价的全面覆盖与层次递进，提高了评价结果的准确性和科学性。

三、评价结果分析

（一）综合评价结果

1. 确定政府采购内部控制综合评价等级

根据得出的政府采购内部控制综合评价分值划分政府采购内部控制评价等级，信息化环境下政府采购内部控制综合评价等级确定如表5-1所示。

表5-1 信息化环境下政府采购内部控制综合评价等级确定

分值	评价等级	特 征
86~100	优	被评价单位政府采购内部控制状况很好，各项制度健全有效，能对所有潜在问题进行有效识别和控制，控制措施适宜，效果显著
71~85	良	被评价单位政府采购内部控制体系比较健全，在各个环节能够较好地执行内部控制措施，能对主要潜在问题进行识别和控制，控制措施基本适宜，效果较好
56~70	中	被评价单位政府采购内部控制体系一般，虽建立了大部分内部控制，但缺乏系统性和连续性，在内部控制措施执行方面缺乏一贯的合规性，存在少量重大问题，效果一般
55分及以下	差	被评价单位政府采购内部控制体系差，内部控制体系存在严重缺失或内部控制措施明显无效，存在明显的漏洞，业务环节失控，存在重大风险隐患

2. 编写政府采购内部控制综合评价报告

对评价单位的政府采购内部控制进行的综合评价结束后，要编写政府采购内部控制评价报告，对评价结果进行分析，得出结论，提出改进建议。

3. 综合评价结果分析

在深入分析被评价单位政府采购内部控制的综合评价结果时，我们聚焦于三大核心维度：纵向与横向对比、评价等级统计分析及预警机制的应用。

首先，通过纵向分析，我们追溯同一单位在不同时间节点上的内控综合评价结果变迁，借助历史数据的图表展示，直观呈现该单位政府采购内部控制的改进轨迹与未来发展趋势。同时，横向分析则聚焦于同一时间点下不同单位间的比较，通过综合评分的高低排序、平均分、最高分与最低分的分析，不仅揭示了各单位间的内控水平差异，也为识别提升空间较大的单位提供了明确指向，从而对该时期政府采购内部控制的整体表现形成全面认知。

其次，评价等级统计分析作为另一重要维度，通过对同一时期内不同评价等级单位的分布比例进行量化展示，以及跨时期同一单位评价等级变化的追踪，为管理者提供了评估内控建设成效与稳定性的量化依据。

最后，预警功能的引入，通过设定特定的分值阈值（如平均分或 70 分），对低于此标准的被评价单位用醒目的颜色标记，旨在即时捕捉并高亮显示政府采购内部控制存在显著问题的单位，为管理者迅速响应、精准施策提供了直观而有效的工具，同时也激励被评价单位主动审视并完善自身的内部控制体系。

（二）指标评价结果

1. 指标评价等级确定

综合评价等级确定也适用于各指标的评价等级确定。信息化环境下政府采购内部控制综合评价等级确定如表 5 - 2 所示。

表 5 - 2　信息化环境下政府采购内部控制综合评价等级确定

分值	评价等级	特　征
86 ~ 100	优	该指标控制完善，运行良好，能很好地发挥控制作用，没有控制漏洞
71 ~ 85	良	该指标控制良好，运作正常，能够发挥控制作用，没有重大隐患
56 ~ 70	中	该指标控制不够完善，执行效果一般，存在少量风险
55 分及以下	差	该指标控制缺失，或者控制措施执行失效，存在重大风险隐患

2. 指标评价结果分析

深入分析指标评价结果，对于监管部门与被评价单位而言，是识别改进空间与内部控制薄弱点的关键步骤。分析工作聚焦于分值分析、评价等级统计分析及预警功能三个方面。

在分值分析层面，采用纵向、横向与单独分析三维度。纵向分析通过时间轴上的对比，揭示被评价单位内部控制的历史变迁、现状水平及未来走向；横向分析则跨越单位界限，比较同期不同单位的表现，明确整体控制水准及个别单位的提升空间；单独分析则聚焦于特定时空背景下的单一单位，逐层剖析各级指标，精准定位内部控制的优劣势与改进点。

评价等级统计分析进一步深化了对评价结果的洞察，通过统计各评价等级所占比例，直观展现指标的整体表现分布，为精准施策提供依据。

预警功能的引入，则为监管与被评价单位提供了即时反馈机制。当指标分值触及预设阈值（如平均分或 70 分）时，系统自动触发预警信号，以不同颜色高亮显示，既提醒监管部门强化对该环节的监督，也鞭策被评价单位及时采取措施，优化内部控制流程，确保政府采购活动的合规高效运行。

（三）监管部门对评价结果的利用

政府采购内部控制的综合评价结果与具体指标评价，不仅是监管部门制定针对性监管策略的关键依据，也是管理部门对被评价单位绩效考核的重要参考。基于这些评价结果，监管部门能够精准识别各被评价单位在政府采购内部控制方面的强弱项，进而实施差异化监管措施，重点强化薄弱环节的监督与管理。具体而言，对于内部控制存在明显不足的单位，监管部门将采取一系列强化监管举措：首先，与单位负责人直接对话，就内部控制体系中存在的问题进行深入剖析，并明确整改时限与要求，确保问题得到及时有效纠正；其次，针对内控薄弱环节，实施更为严密的专项监督，确保整改措施落实到位；最后，增加对这些单位的现场检查频次与力度，通过实地核查进一步巩固监管效果，推动政府采购内部控制体系的全面优化与提升。

（四）被评价单位对评价结果的利用

被评价单位应充分利用评价结果来优化和加强其政府采购内部控制体系。首先，通过综合评估及具体指标分析，明确本单位在政府采购内部控制方面存在的短板与不足，进而采取有针对性的改进措施，不断完善内部控制机制。其次，主动学习借鉴行业内其他单位的先进经验与成功案例，特别是那些政府采购内部控制表现卓越的单位，通过吸收其最佳实践，促进本单位内部控制水平的全面提升。这一过程不仅有助于弥补自身不足，还能激发创新思维，推动政府采购内部控制工作向更高标准迈进。

第四节　信息化背景下政府采购内部控制评价系统

一、信息化背景下政府采购内部控制评价系统概述

（一）信息化背景下政府采购内部控制评价系统的基本概念

在构建政府采购内部控制评价体系时，我们精心挑选了评价指标，这些指标紧密

围绕 COSO 内部控制五要素、信息化环境特性及政府采购活动的独特需求，确保了评价体系的全面性与针对性。同时，考虑到外部环境与内部条件的动态变化，我们允许适时调整评价指标体系，以维持其最优状态。利用 AHP 层次分析法，我们科学地确定了各级评价指标的权重，这一过程依赖于专家打分后经过精心收集与处理的数据的支持。值得注意的是，随着环境变迁，各指标的权重亦需相应调整，系统为此提供了灵活的修改功能，确保评价体系的时效性与准确性。

在评价方法的选择上，我们采用了模糊综合评判法，该方法通过对三级评价指标隶属度的精细赋值，有效整合了专家打分法获取的数据（这些数据同样经过严格的收集与处理流程），进而计算出各指标及政府采购内部控制综合评价的具体分值与所属等级。这一综合评价机制不仅增强了评价结果的客观性与精准度，也为后续监管与管理决策提供了坚实的数据支撑。

（二）信息化背景下政府采购内部控制评价系统控制

1. 权限控制

权限控制的核心在于严格管理系统操作人员的访问权限，确保系统安全，防止非授权访问。具体而言，操作权限控制机制明确了每位操作员的职责边界，通过细化权限设置，保障内部控制评估过程与结果的公正性与可靠性。在此架构下，系统管理员作为最高权限持有者，独享权限设置及评估结果查看权限，而其他操作人员则仅限于录入内部控制评估数据，有效分离了权限，维护了系统操作的秩序性。

此外，口令密码控制作为另一道安全防线，要求所有用户必须凭借正确的用户名与密码方能进入系统，大大增强了系统的安全防护能力。为应对密码泄露风险，系统允许用户自主管理其密码，但仅限于修改个人密码，此举既保障了用户账号的安全，又便于用户记忆与使用，进一步提升了系统的易用性与安全性。

2. 评价指标控制

在评价指标体系的管理过程中，对于新增评价指标的操作，需严格遵循一系列控制规则以确保数据的一致性与准确性。首先，新增评价指标时，必须赋予其一个唯一的编码作为识别标识，此编码不得为空且不可重复，同时必须符合既定的编码规范：一级指标编码为 1 至 9 的数字，二级指标编码为两位数字，首位为其上级（一级）指标的编码，后续位为 1 至 9；三级指标编码则为三位数字，前两位代表其上级（二级）指标的编码，末位为 1 至 9。此外，在输入新增指标的权重时，系统将自动校验同一层级内所有指标权重之和不得超过 1，以维护权重的合理分配。

对于评价指标的修改操作，同样设有精细的控制机制。评价指标的删除操作受到严格限制，非末级指标（即拥有下级指标的指标）不允许被删除，以避免数据结构破坏。而修改评价指标信息时，仅允许对指标名称和权重进行调整，确保修改操作的聚焦与规范。在修改权重的过程中，系统同样会实施校验，确保修改后同组指标的权重总和依然不超过 1，维持权重的平衡与合理性。

3. 评价数据输入控制

在信息化环境下的政府采购内部控制评价系统中，确保评价数据的准确无误与完整无缺是保障评价有效性的基石。为此，系统采取了一系列严格的数据输入控制措施：

首先，关于评价日期，系统设定为自动捕捉登录日期作为评价发生的时间戳，确保时间信息的客观性与不可篡改性。

其次，评价顺序遵循严格的层级递进原则，采用模糊综合评价法时，必须从最底层的三级指标开始逐一进行评价，且每一层级评价的完成是启动上一级评价的前提条件。这种顺序控制确保了评价流程的规范性与逻辑性。

最后，针对评价内容的完整性与可靠性，系统在插入评价指标时实施了严格的校验机制。要求所有末级指标必须为三级指标，且同一组内的指标权重总和必须精确等于1，否则系统将自动拦截并提示错误信息，直至条件满足方允许数据录入。此外，在手工输入三级指标隶属度时，系统还会实时检测各指标隶属度之和是否达标，若存在偏差，将立即指出具体行次的问题，直至所有隶属度之和准确无误，方启动计算过程。

这一系列措施共同构建了评价数据输入的质量保障体系。

（三）信息化背景下政府采购内部控制评价系统的目标

信息化环境下政府采购内部控制评价系统的目标如表5-3所示。

表5-3 信息化环境下政府采购内部控制评价系统的目标

序号	目 标
1	对被评价单位内部控制进行综合评价，计算分值，划分评价等级，分析被评价单位政府采购内部控制整体情况
2	对所有评价指标进行评价，计算分值，划分评价等级，具体分析被评价单位内部控制的薄弱点
3	对同一时期不同评价单位的政府采购内部控制情况进行对比分析，用于对评价单位的考核等，促进相互学习；对同一单位不同时期的内部控制情况进行对比分析，持续改进

二、信息化背景下政府采购内部控制评价系统业务流程

在构建政府采购内部控制评价体系时，我们依据COSO内部控制五要素、当前信息化环境特性以及政府采购活动的独特要求，精心选取了评价指标。面对外部环境与内部需求的动态变化，我们保持评价指标体系的灵活性，允许适时进行增、删、改操作，以确保其持续适应性与有效性。通过组织专家团队，运用AHP层次分析法，我们对评价指标的重要性进行科学赋值，精准确定了各级指标的权重。

在系统中录入这些经过严谨确定的指标信息后，自动生成评价指标信息表，为后续评价工作奠定坚实基础。随后，专家团队深入评价单位现场，通过细致观察与严格测试，运用专家打分法为末级指标赋予对各评语的隶属度。基于这些数据，我们采用模糊综合评价法，对各级指标及内部控制整体状况进行全面评估，生成详尽的指标评价信息表与内控综合评价信息表，并及时提交给相关信息需求者，同时妥善存档以备查阅。

此外，我们还特别注重对比分析，不仅横向比较同一时期内不同评价单位的内部

控制状况，进行统计分析以揭示差异与趋势；还纵向追踪同一评价单位在不同时间点的内控变化，通过对比分析展现其改进历程与成效。这些对比分析结果同样被精心整理并提供给信息需求者，助力其更全面地掌握内部控制动态，做出科学决策。

三、信息化背景下政府采购内部控制评价系统功能结构

（一）信息化背景下政府采购内部控制评价系统功能结构

在信息化背景下，政府采购内部控制评价系统精心构建了七大核心功能模块，旨在全面覆盖并优化评价流程。这些模块包括系统管理，负责整体配置与维护；码表管理，实现编码体系的规范化；评价单位信息管理，确保参与单位信息的准确无误；评价指标信息管理，构建科学严谨的评价指标体系；指标评价管理，执行具体的评价操作与数据采集；内控综合评价管理，基于前述数据生成综合内控评价报告；以及评价结果分析，深入剖析评价数据，为改进提供有力支持。这七大模块协同作用，共同支撑起政府采购内部控制评价系统的高效运行。

（二）信息化背景下政府采购内部控制评价系统功能分析

信息化背景下政府采购内部控制评价系统功能分析如表5-4所示。

表5-4　信息化背景下政府采购内部控制评价系统功能分析

模块	子模块	功能描述	备注
系统管理	码表初始化	删除码表已有信息，自动添加默认的码表初始信息	
	更改密码	操作员维护自己的密码	
	注销	实现不同操作员的切换，有效保护数据安全的同时方便用户操作	
	退出	操作完成，退出系统	
码表管理	码表查询	可以根据编码和名称进行查询，也可以查询出码表所有的信息	
	码表维护	根据编码和名称对码表进行条件查询，对查询出来的码表信息进行修改或删除，也可以增加新的码表信息	
评价单位信息管理	评价单位信息输入	输入评价单位的基本信息，包括单位编码、单位名称、地址、联系人和联系电话	
	评价单位信息查询	可以根据单位编码和名称进行条件查询，方便用户查找所需评价单位的信息。查询条件都为空时可以查询所有评价单位的信息	
	评价单位信息修改	可以对除单位编码以外的信息进行修改，也可以删除评价单位信息	单位编码为主关键字，不能修改

续表

模块	子模块	功能描述	备注
评价指标信息管理	评价指标信息输入	输入评价指标的基本信息，包括指标编码、指标名称、指标级别、上级指标、末级标记和权重	同一组指标的权重和不能大于1
	评价指标信息查询	可以根据指标编码、指标名称、指标级别和末级标记进行条件查询，方便查找到所需评价。指标的信息查询条件都为空时可以查询所有评价指标的信息	
	评价指标信息修改	对已有的评价指标信息进行维护	同一组指标的权重和不能大于1
指标评价管理	三级指标评价	对三级指标进行评价，系统会自动将日期、单位编码、指标编码、指标级别和权重自动显示出来。输入对所有评语集的隶属度，单击"计算"按钮，自动计算每个指标的分值和评价等级	系统插入评价指标信息前，自动检查指标的完整性和同组指标权重是否等于1
	二级指标评价	对二级指标进行评价，单击"计算"按钮，自动计算每个指标对各评语的隶属度、分值和评价等级	
	三一级指标评价	对一级指标进行评价，单击"计算"按钮，自动计算每个指标对各评语的隶属度、分值和评价等级	
	指标评价查询	可以根据日期范围、评价单位、指标编码、指标级别、分值范围、评价等级等进行条件查询，方便查找到所需指标评价信息。查询条件都为空时可以查询所有的信息	双击选中行可以查看详细的指标评价信息
内控综合评价管理	内控综合评价	对内部控制整体进行综合评价，系统会自动将日期、单位编码自动显示出来，对所有评语集的隶属度均为0。单击"计算"按钮，自动计算评价单位内部控制对各评语的隶属度、分值和评价等级	
	内控综合评价报告	可以根据评价日期范围、评价单位、分值范围和评价等级进行条件查询，查看相关评价单位的评价报告	双击选中行可以查看详细的内控评价报告，分值低于平均分的用红色字体表示
评价结果分析	综合评价结果分析	可以对同一单位不同时期的评价结果进行对比分析，也可以对同一时期不同单位的评价结果进行比较分析，还可以查看某一时期所有评价单位内控结果所处等级的统计分析图	
	指标评价结果分析	可以查看某时期某单位的具体指标评价的结果，找出导致分值低的原因；可以对某一指标进行横向和纵向分析	分值低于70的用红色字体表示，起到预警的功能

第六章

信息化背景下的政府采购组织优化

第一节　功能牵引的政府采购组织改造需求分析

一、政府采购的电子商务应用需求

（一）政府采购倡导电子商务应用的功能定位

政府采购采用电子商务模式，确实能带来一系列传统经济领域中难以比拟的优势。首先，电子商务平台使得买卖双方可以在无需直接接触的情况下，通过网络完成各项交易准备工作，极大地降低了因差旅引起的额外成本和时间消耗。其次，需求方借助网络的强大信息整合能力，能够进行广泛的商品比较和筛选，不仅能够快速获取供应商及产品的详细信息，还能够在众多选项中做出最优选择，实现了从传统"信息不对称"到"信息透明"的转变。

对于供应商而言，电子商务提供了前所未有的机会，使其能够及时了解市场需求和潜在客户的信息，从而调整生产和营销策略，更加精准地定位市场，通过持续的产品创新和服务优化来增强自身的竞争力。此外，电子商务还实现了虚拟库存管理，显著降低了实体库存带来的存储、维护等成本，提高了资金使用效率和流通效率。

在这样的背景下，电子商务条件下的政府采购不仅能够高效、公平、公开地实现《政府采购法》规定的五项基本目标，而且还能够在促进经济社会发展方面发挥更加积极的作用。通过合理配置公共资源，政府采购能够引导产业发展方向，支持特定行业或技术的发展，实现政策扶持与产业引导的有效结合。同时，通过精确控制采购资金的流向和规模，政府采购还可以调节经济结构，平衡经济总量，稳定经济增长速度，促进宏观经济的健康发展。因此，采用电子商务手段进行政府采购，不仅符合现代经济发展的趋势，也为实现更高质量、更有效率的公共服务供给提供了有力支撑。

（二）政府采购电子商务的政策需求

我国政府采购工作虽然已起步多年，但在采购手段上仍然主要依赖传统的洽谈式交易方式，这存在以下三个关键问题：供应商选择范围较窄，无法充分反映供应商的多层次多样性；竞争不充分，传统的政府采购模式缺乏透明度，可能导致无法获得最优价格，且缺乏公平、公开、公正的竞争环境；信息交互不便，随着市场参与者增多，建立一个方便采购方与供应商间信息交换的平台变得迫切。电子商务的引入可以革新政府采购模式，将网络概念融入盈利和服务领域，为政府采购提供技术改造，推动其向规范化、高效化的方向发展。

为充分利用电子商务在政府采购中的潜力，应采取多方位措施：

国家政策层面，鼓励政府采购与电子商务的融合，制定相关应用标准与规范，建立健全政府采购信用评估体系，完善如《中华人民共和国电子签名法》在内的法规，保障网络化运行的法律基础。

实施层面上，引入市场化机制，采用特许经营模式，加强政府采购电子商务服务平台的建设和运营，逐步实现采购流程的信息化。

技术支持方面，鼓励社会力量参与构建电子商务支撑体系，包括电子认证、电子支付、现代物流和信用信息等，打造适合政府采购发展的信息化社会环境。

操作层面，实现采购部门、供应商、银行、财政、税务、工商以及监管机构间的资源共享与业务协同，为各级政府提供全方位的服务，包括采购信息发布、交易、支付、物流、信用管理和监督等。

在国民经济持续增长的背景下，电子商务的应用能强化政府采购的集中管理，放大规模效应，促进采购总量快速增长，并逐渐达到国际平均水平。

综上所述，电子商务的深入应用，将显著提升我国政府采购的效率、透明度和公平性，为其现代化转型提供强大动力。

二、政府采购的绿色产品导向需求

（一）绿色产品与绿色政策

所谓绿色产品，指的是那些在生产、使用和回收过程中对环境影响较小、符合环保标准和具有较高科技含量的产品。这类产品的推广对于实现人与自然和谐共生、减轻社会发展中对生态环境的消耗具有重要意义，因而得到了政府的大力倡导和支持。通过实施绿色采购政策，政府能够引领社会的可持续消费潮流，有效推进可持续发展战略的实施。

然而，由于市场的逐利性和短期行为的影响，绿色产品的市场需求往往无法得到均衡满足。在这种情况下，推行绿色采购政策时，应当采取自上而下的推动策略。例如，中央及省级政府机关应率先在其采购目录中明确体现国家对绿色产品的扶持政策，严格审核采购需求，确保绿色采购行为从源头开始，贯穿整个采购过程。此外，地方或县级政府也应优先考虑采购目录内外的绿色产品，以此作为引导，推动社会形成选用绿色产品的思维习惯和行为模式，进而促进绿色产品的供给环境逐渐成熟。实践表明，政府机构推动绿色采购，扩大绿色采购目录和绿色产品的市场供给，是一种行之有效的策略。

（二）绿色采购的信息技术条件

在推动绿色产品的进程中，单纯依靠制度约束并非足矣，还需要技术层面的支持，特别是信息技术的应用。通过集成信息技术工具，建立政府采购与供应商之间的信息交互系统，能够让供应商更清晰地了解到政府对绿色产品的具体需求、未来发展规划以及社会变化趋势。这有助于供应商进行长期的战略规划，加大绿色产品的生产和研发投入，形成规模化的绿色产品供应商群体。

政府采购引入电子商务的核心在于提升技术支撑水平，通过信息系统的整合，优化商务活动和技术条件之间的匹配，为绿色产品的供需对接提供了便捷高效的平台。电子商务作为一种面向市场交易的信息技术手段，极大地简化了信息收集和采购策略制定的过程，并实现了远程非见面的商务互动、信息共享和合同签订，显著降低了信息交互的成本，使得政府采购绿色产品的商业路径更加高效、便捷。电子商务的采用为政府实施绿色采购战略、引导社会向可持续消费转型提供了强有力的技术基础，已成为全球范围内应对可持续发展目标的重要策略之一。

三、政府采购规模的集约价格需求

（一）政府采购的规模增长需求

在政府采购流程中融入电子商务的信息交互机制，能有效优化采购决策并降低执行不确定性，进而节省商务运作成本。然而，政府采购的真正效能，更多依赖于制度框架、机构行为与管理体系的优化，旨在集中采购需求并形成规模化效应。政府采购效益的增强主要通过两大途径实现：一方面，通过政策指引与管理规范的严格规定，确保资金集中使用，保障采购任务的集中执行。借助规模化带来的市场份额优势，迫使供应商在利润空间上作出让步，以争夺市场主导权，这是政府采购能主宰市场、实现财务效益的基础。另一方面，政府采购利用既有的市场优势，通过降低信息不对称、减少跨地域交易成本、促进信息透明与交互便捷，实现规模效益。信息资源在众多资产类别中独树一帜，不仅操作成本低，而且唯有在支持商务交易，包括相关计划、管理与决策分析时，政府采购的规模效应才得以凸显。因此，政府采购采用电子商务，是追求规模增长效益的必然之举。

（二）规模效应下的集约价格实现

政府采购的规模效应对供应商产生了强大的吸引力，促使它们积极参与这一市场，而实现这一目标的关键在于推行一个开放、公平的竞争机制，并辅以电子商务的支持。首先，在政府采购市场开放层面，除国防军工等涉及国家安全的产品外，应允许所有具备资质的供应商平等进入市场，确保信息公开透明，为市场开放奠定基础。其次，公平竞争的实质是要求信息全面公开，使得参与竞争的供应商对采购标的、技术规格及竞争方式等有统一理解，避免信息不对称导致的竞争不公平。在此背景下，电子商务系统需承担提供详尽产品信息、准确技术参数和标准的责任。最后，电子商务信息交互环境不仅包含硬件设施（如通信网络、计算机）和软件条件（系统、基础、应用），还涵盖了数字化外设和物流配送体系，为信息流通和业务执行提供了坚实基础。

政府采购的目标是全面的公共管理，其中包括规范程序、提高采购资金的使用效率、保护国家和社会公共利益、维护采购人的合法权益、倡导廉洁等，核心关注点在于如何最大化公共资金的采购效益。这一目标的实现，需借力于政府采购制度下开放的市场政策、完全竞争机制以及电子商务信息交互环境的共同作用，尤其是借助电子商务技术的支撑，使得采购需求信息能广泛传播至社会供应商，吸引更多供应商参与投标竞争，催生更加激烈的市场竞争，最终通过市场机制和价格杠杆驱动供应商提供更具规模效应的产品采购价格。

四、政府采购的"阳光采购"需求

（一）政府采购的过程监督机制

过程监督机制，作为政府采购活动的核心组成部分，是一种贯穿整个采购流程的内部监管机制，旨在通过行政手段及采购、执行、支付的分离运作，构建一个具备相互制约功能的全程监督体系。此机制由各层级财政部门主导实施，他们依据政府采购相关政策、基本原则、财政预算规划以及采购反馈信息，对采购职能部门的执行过程进行监管，主要关注采购资金的有效使用。

同时，作为采购实体，可以通过对照政府采购合同和商品反馈信息，对供应商的履约情况进行监督，侧重于商品质量的监控。而采购职能部门，则通过实务管理方式监督采购实体对货物的使用情况，确保国有资金的安全。

为强化这一监督机制，具体措施包括：建立内部轮岗制度，避免采购人员与供应商之间可能产生的利益交换；设立回避制度，防止个人偏见或私利影响公正采购；以及建立综合考核制度，对采购人员的职业素养、工作成效进行全面评估和管理。通过这些内部监督机制的构建，各采购主体在各自职责范围内，不仅实现了对其他主体的有效监督，还确保了采购过程的有序进行，推动了政府采购行为的规范化进程。

（二）政府采购的事前和事中内部监督机制

事前和事中内部监督机制，特别是在财务结算部门的角色中发挥关键作用，旨在对政府采购活动进行有效监控。尽管这类机制无法像事前监督那样在问题萌芽时采取预防措施，也不像事后监督那样侧重于补救，但它仍具有重要的前瞻指导意义。在实践操作层面，财务结算部门不仅能够审核采购方和供应商的合规性，还能监督负责采购事务的人员，从而形成全面有效的监控网络。

为了提升监督效能，以下几项重点内容应得到特别关注：

1. 严格监督公开招标的实施

确保所有项目按照公开、公平、公正的原则执行，防止通过拆分项目规模等手段

规避公开招标的要求，维护市场竞争的公平性。

2. 加强政府采购信息的公开透明

监督所有招标公告、中标结果等信息是否按照规定在指定媒体上发布，确保信息的及时、准确传播，提高公众的参与度和监督能力。

3. 细化合同管理

要求所有采购合同均需提交给财务结算部门备案，并跟踪合同的签订和执行过程，确保所有环节均按合同约定和法定程序进行，防止合同违约和纠纷的发生。

4. 强化资金管理

严格执行预算审批制度，对资金拨付进行实时监控，确保所有支付行为符合预算规定和采购流程要求，对任何不符合规定或流程的支付申请不予批准，从而有效防范财务风险。

通过上述措施的实施，可以显著提升政府采购过程的透明度和合规性，进一步强化财务管理职能，为政府采购活动提供坚实保障。

（三）政府采购的事中和事后外部监督机制

事中和事后外部监督机制，尤其是供应商与用户的投诉监督机制，是确保政府采购流程公正性和透明性的关键环节。这一机制主要体现在用户及供应商对于采购过程中可能存在的不公平待遇、采购人的不规范行为，以及采购质量和效率的监督反馈，特别是针对可能出现的违规操作、采购结果不符合需求、存在质量问题或价格虚高等问题提出的投诉和申诉。这一监督机制多发生在事中的采购实施阶段，旨在及时发现并纠正可能存在的不当行为，保障政府采购活动遵循公正、公平、公开的原则。

用户作为政府采购的最终需求方，是整个采购链条中的终端，同时也是政府采购行为效果的重要衡量者。用户的利益实现高度依赖于政府采购成果的质量和价值，他们关注的核心问题是采购活动是否存在私下利益输送、操作不合规的情况，以及采购成果是否真正满足了实际需求，避免出现质量低劣、价格虚高的情况。因此，用户不仅有权对政府采购机构的行为进行监督，也拥有对供应商行为进行监督的权利，以防止供应商与采购机构之间可能存在的串通行为，确保双方都遵守规则，共同维护公共资源的有效使用和国家利益不受损害。

总之，通过构建和完善事中和事后外部监督机制，特别是加强用户和供应商的投诉监督功能，可以有效提升政府采购的透明度和公信力，保障用户权益，促进市场公平竞争，确保公共资源的合理配置和高效利用。

（四）政府采购的法律监督机制

法律监督机制作为政府采购监督体系的核心，为其他监督机制提供了坚实的基础和支撑，是确保政府采购活动公正、透明、合法的关键保障。这一机制主要包括各级监察、纪检监察、审计和检察机关的监督活动，构成了外部刚性监督框架，极大地提升了政府采购制度的权威性，并有效遏制和预防潜在违规行为的发生。

在中国，对政府采购负有监督职责的机关众多，如监察机关着重于政府内部的自我监督，防范政府工作人员的违法违纪现象；纪检监察则聚焦于党的内部自我约束，侧重调查处理党员违反组织章程和纪律的问题，以强化采购过程中的党风廉政建设；审计机关则依法对政府采购过程中的经济业务、资金收支及账目进行全面审核与评价，重点关注采购资金使用的合法性，建议建立健全日常审计和专项审计制度；检察机关则负责对政府采购中采购人及采购代理人的涉嫌犯罪行为进行检查与监督。

上述监督机关因其各自拥有的法律责任执行权限，不仅能够有效地打击政府采购领域的违纪违法行为，同时还能起到强有力的威慑和预防作用。通过借鉴成功的采购管理经验，审计监督能够实现对政府采购资金的全程跟踪与监督，其审计报告以其客观、真实、公正的特点，具有极高的可信度，能全面展现采购活动的实际情况，从而显著发挥监督效能。因此，审计监督应被视为政府采购监督机制中不可或缺的重要组成部分。

第二节　信息化改造的政府采购组织结构设计

一、统分、联动、高效的政府采购组织架构和职责分工

（一）统分结合的政府采购组织方式和工作职责

统分结合的采购模式在政府采购中扮演着重要角色，它以把握总体、专业优先的管理思想为核心，将普遍性与特殊性相结合，旨在通过统一与专业化的采购方式，实现资源的有效配置与效益最大化。

综合采购是指根据年度政府部门事业经费预算，集中采购需求形成采购计划，由政府采购部门统一执行采购与结算的全过程。这一环节通过在各级政府预算体系中设立统一采购机构，对办公用品、大宗性办公物资和服务产品实行集中采购与统一结算，之后按照需求计划分配采购物资，并由物流机构将其送至各使用单位。这种集中化操作不仅能够充分利用规模效应，从市场上获得更多的让利，显著提升采购效率与效益，还能确保物资供应的质量与及时性。

专业采购则是基于采购产品的专业化需求，由特定领域的专业采购机构负责，根据专业采购需求计划，对如工程、机电设备等特定产品进行专项采购与结算。在工程类采购中，通常遵循《招标投标法》进行，通过签订中标合同后进一步采用招标方式选定监理机构，并按照合同规定的工程进度支付相应的工程和监理款项。而机电产品类采购则依据《政府采购法》执行，产品交付后，依据需求计划分配方案，委托物流机构直接发送至相关政府需求部门。

统分结合的采购体制，通过明确不同层级与部门的职责、实施分类采购、分级管理，突出专业化特点，全面提升采购质量和效益。这种体制既强调分工，也注重协作，不仅有助于充分发挥集中采购的规模优势，获取市场优惠，而且能激发专业采购部门的专业特长，提升政府采购的供给质量，同时，还能集中资源，高效推进重点项目的实施，减轻政府需求部门的采购事务负担，使其能够更加专注于本职工作。统分结合的采购体制，成为各级各类政府部门优化资源配置、提高管理效能、促进业务协同的重要采购运行机制。

（二）政府采购机构的均衡布局有利于整体运行效率的提升

依据《政府采购法》，我国县级以上政府均设有专职的政府采购机构，且随着管理层级的提高，专业分工愈发细致。从地域分布来看，虽然县级机构遍及全国各地，实现布局的相对均衡，但在东部沿海、中部内陆与西部地区仍存在着不同程度的密集与衰减梯度，这种现象反映出在采购机构的设置上可能存在布局的不均衡问题。

为了有效避免采购机构过度集中于主要中心城市和发达地区，造成布局上的疏密失衡，政府采购机构的网点布局规划应当由省级采购管理机构统一制定和审批。这样的安排旨在确保布局建设趋于合理，从而最大限度地发挥政府采购资源的整体优势。在这一基础上，"统分结合"的采购体制仍然坚持强调采购机构之间的协调、合作与资源共享的原则，以提升整体运作效率和效果。

政府采购产品目录作为管理工具之一，不仅包括县级、市级、省级直至全国范围内的产品信息，还包含了各级各类政府部门所需装备、器材、用品、物资等的需求概览。该目录并非一成不变，而是根据实际情况动态调整的，新增的政府采购产品会适时加入目录，同时，停止采购超过10年以上的旧品则会退出目录，以确保目录内容的时效性和有效性。目录的动态更新确保了其能准确反映政府当前的实际需求，不仅为采购管理提供有效支持，同时也是指导政府采购实施的关键性资料。

政府财政管理机构负责管理政府采购产品目录，并将目录内容按类别编入分册，按照需求逐级分发至各政府采购管理机构和执行单位。通过实施严格的管理制度，确保了政府采购管理与执行环节之间的清晰职责划分，以及各自的专业化运作，从而在确保效率的同时，也维护了采购流程的规范性和透明性。

二、计划、实施、预结算、监管分立的制约性运行结构

（一）政府采购计划科学性的牵引作用

政府采购需求的体现形式通常是一份年度政府采购计划。各政府事业部门根据其发展规划及年度实际需求，提出具体的采购申请，此申请需经上级主管部门审核并批准，最终纳入年度政府采购计划进行统筹安排。每项采购产品都会对应一个明确的采购预算经费。在审核过程中，上级主管部门不仅要考量采购预算的限额，还需评估各

部门采购需求的合理性，包括整体规划、资源分配的平衡、任务消耗、重点需求等，以及采购项目的社会效应，以防止出现盲目采购、重复采购及过度储备等问题。明确采购需求是整个采购流程的核心环节。

在特定情况下，如遭遇突发事件，政府采购计划需基于实际消耗来制定需求，首先扣除现有库存所提供的设备或物资，然后根据消耗量来确定急需采购的设备、物资、工程、服务的采购需求计划。此类紧急采购计划通常由执行任务的部门提出，经上级主管部门审批后立即生效，资金则由中央财政或省、市级财政根据专门预算拨付或在年度预算计划中安排。

政府采购计划直观地展示了政府的采购需求与能力匹配情况。理论上，在制订计划时需明确采购来源是国内采购还是国际采购。采购方向的选择，往往取决于过往经验、市场惯例或采购产品的供应状况。随着经济全球化的深入发展，国际采购成为一种可选项时，时间、质量和价格成为影响采购方向决策的关键因素。在此背景下，政府采购倾向于根据市场需求和市场价格的综合评估，优先选择在国内市场采购，以促进本国民族产业的发展。

（二）政府采购方式选择对采购成本的影响

政府采购通常选择最适合当前情境的采购方式。公开招标采购是一种常见形式，它涉及通过媒体发布招标公告，明确招标标的、数量以及相关要求。供应商在规定时间内提交投标文件至指定机构，采购方按照资质标准筛选预中标供应商，并公示至少三家预选供应商。随后举行公开招标大会，各供应商现场竞价，由专家组成的评标委员会依据综合评分确定中标单位，并公示结果，最终双方签订合同。采购方可以自行组织招标或委托具备相应资质的机构代理。

另一种方式为邀请招标采购，采购方依据供应商资质发送邀请，供应商提交投标文件。若投标供应商达到三家，则继续组织招标会，否则采购方需再次邀请供应商直至满足条件。整个流程与公开招标相似。

竞争性谈判采购适用于掌握特定供应商资质的情况。采购方邀请供应商参与谈判，专家评审组通过多轮谈判综合考量价格和供货时间等因素，最终选定供应商。谈判重点集中在价格和供货时间。

询价采购是通过对比三家或更多供应商的价格进行采购。采购方事先确定供应商，然后与他们直接谈判，综合评价后选定最佳供应商。这种采购方式通常适用于已有成熟供应商的情况。

单一来源采购是指采购方对特定供应商无选择余地的非竞争性采购，采购效果很大程度上依赖于采购人员的专业知识和综合素质。

最后，协议采购是在供需双方关系稳定、条件成熟的前提下，通过签订合同明确双方权益和义务的一种长期合作模式，具有较低采购成本和较高效率的特点。

这些采购方式各有适用场景，采购方应根据项目具体情况和需求灵活选择。

（三）政府采购的预结算类型与适用性分析

政府采购的预结算根据付款特征主要可以分为三种类型：

1. 固定价格合同

此种合同在采购方与供应商经过一定程序后确定一个价格，并在合同中明确这一价格不会随市场变动或其他因素变化而变动。固定价格合同适用于制造周期较短、定价较为容易的产品。其适用前提包括价格的确定性较高，产品的技术性能和生产质量相对容易实现。

2. 定价加激励合同

在这一合同模式下，采购方和供应商通过协商确定价格，这一价格基于成本、利润指标、风险评估、盈利可能性以及价格上限等因素。这种类型的合同适用于价格构成的各因素可以量化，且供方能够通过改进和优化来降低成本，同时保证产品质量的情形。其适用条件包括各价格因素均能被量化的可能性，以及供方在保证质量的同时，有能力通过努力降低成本。

3. 成本补偿合同

此类合同通常应用于专门设备的研发阶段，定价原则是基于实际发生的成本加上预先约定的补偿率。成本补偿合同的适用条件包括研发单位的财务核算成本项目分类方法与合同成本项目的确定保持一致，同时，采购方有明确的机制来审核并确保成本的准确性。此合同类型主要服务于研发活动，特别是那些成本难以预估或变化较大的项目。

每种合同类型的设计都是为了在满足采购需求的同时，平衡采购方的成本控制、供应商的利益以及风险分担，确保交易的公平性和效率。

（四）政府采购监管功能与计划、采购、结算的有效性

健全的监管制约机制是政府采购活动顺利进行和充分发挥其在公共资金市场购买作用的关键。缺乏有效的监管，即使有完善的法律制度，也可能形同虚设。当前，我国政府采购监管机制存在的问题主要包括：关注点主要集中在对采购合同签订前的监督，而对于合同签订后的执行过程则监督不足；相关监督部门之间的职责划分不够清晰，比如审计监管应采取全面审计还是抽查审计方式尚未明确；还存在一些规定不够具体，操作性不强的情况，特别是在面对违规问题时，对涉及人员的处罚缺乏具体的量化标准。

因此，在我国的政府采购立法中，应当确立更为完善且精细化的监管规则。表面上看，加强监管可能会影响采购流程的效率，但实际上，由于私下交易和串通行为的存在，监管不仅是必要的，而且是不可或缺的。为了最小化监管成本，应从采购的起点——即采购计划的制订阶段就开始实施有效的监管措施。这不仅有助于提高整个政府采购系统的运作效率，还能通过减少无效采购和浪费，实现采购产品的总成本最低

化目标。通过这样全方位、深入的监管体系，不仅能确保公共资源的有效利用，还能维护政府采购的公正性和透明度，从而增强公众对政府的信任和支持。

三、信息化背景下的采购与物流互动运行和契约关联结构

（一）电子商务与交易前的信息准备

在交易发生前，政府采购采用电子商务的主要目的之一是提升采购信息交流的效率并降低信息成本。在采购准备阶段，政府采购部门需要精准掌握市场供应状态，理解各类商品的价格波动，比较不同供应商所提供商品的质量与特点，以及收集供应商对于所提供商品质量的反馈。尽管商品供应状况会随时间变化，即使是成熟产品也难以单纯依赖历史数据来决定当前市场的实际价格，因此获取商品信息对于政府采购而言是至关重要的责任所在。虽然信息网络化为快速收集商品成本数据提供了便利手段，网络提供的信息仅为基础数据，要使这些数据转变为有价值的信息，则需要进行从数据到信息的转换过程。政府采购机构通过电子商务系统内设定的数字模型，并借助专门的软件工具，实现了从原始数据向有效信息的转化。在信息化环境下进行的信息准备，被视为参与市场竞争的前置工作，也是为市场入场做足准备的基础。准备工作越充分，采购工作的成功率也就越高。而在信息化背景下获取信息的方式，是最经济高效的获取途径。

（二）电子商务与交易过程中的质量控制

在交易流程中，政府采购通过电子商务应用致力于提升管理效率与确保产品质量。这二者间存在相互依存的关系：质量是效率的基础，高效运作需以高标准的产品质量为前提。在合同执行阶段，首要任务是确保质量控制：

1. 组建专业化队伍

产品质量验收是一个高度专业化的活动，需要专业知识和丰富的实践经验。在政府采购团队中培养一支专业的验收人员队伍，是推动政府采购专业化的关键步骤。

2. 利用电商信息功能

电子商务平台提供了大量的产品信息，这些信息对于帮助在验收时做出质量对比和评估至关重要。借助电商平台，可以搜集更多关于产品性能、用户反馈及行业评价等的数据，为采购决策提供有力支持。

此外，还需关注产品交付的质量：

1. 标准产品采购

对于计算机、打印纸等常见产品，主要基于供应商的资质与产品信誉来判断质量。通常，资质优秀的供应商能提供品质较高的标准产品。

2. 专用产品采购

对于特殊定制或复杂设备，如气象仪、探空仪等，质量控制更为细致，涵盖从原

材料采购、加工制造到最终成品的全面检验，特别注重隐蔽工程的严格验收程序，以确保每一环节的质量都达到高标准。

通过上述措施，政府采购不仅能有效地提高管理效率，还能确保产品质量，从而顺利实现采购目标。

（三）电子商务与交易后的物流供应链服务

在交易完成后的电子商务应用环节，政府采购的重心转向了优化物流选择和成本控制。随着物流行业的快速发展，第三方物流已经成为社会物流服务体系中的主导力量。在这种背景下，政府采购通过与第三方物流的紧密合作，利用电子商务平台构建了一个从供应商到终端消费点的柔性供应链系统，这是信息时代政府采购向更高服务层次迈进的必然趋势。

所谓柔性耦合，指的是通过电子商务平台的信息互动，将政府采购的后续流程即时、全面地传达给社会物流服务商。同时，这些服务商借助电子商务的信道，迅速回传自身具体的物流能力、物流策略、单价和服务详情等信息至采购方。信息的便捷性和全面性，使采购方能够精准制定物流方案，并通过服务的竞争性采购，选择最合适的物流公司作为供应链的合作伙伴。这一做法实现了商务流程与物流运作的无缝衔接，有效降低了货物从采购到最终交付过程中的流转摩擦，显著提升了供应链的整体服务质量和效益。

在这个过程中，电子商务的信息引导作用构成了采购与物流协同运作的技术基础，而信息的充分性则是减少物流运输成本的关键工具。通过优化信息流通，政府采购不仅提高了效率，还增强了供应链的灵活性和响应速度，进一步强化了整个采购体系的服务效能。

第三节　统一的业务协同政府采购信息化平台构建

一、构建统一的业务协同政府采购平台是趋势

当前，我国各级政府在采购系统建设中存在各自为政的现象，主要表现为地域分割与部门局限。这导致了一系列问题，如重复建设、信息资源孤立以及标准化流程缺失等，严重阻碍了信息化采购体系的健康发展。例如，各个地方政府设立的采购中心分别拥有各自的政府采购网络，要求供应商在参加投标前注册成为会员，这使得供应商不得不多次重复注册，极大地增加了其操作成本与不便。

更深层次的问题在于采购流程的不一致性。供应商为了适应不同地方政府的采购系统，不得不花费大量时间与精力去理解各个平台的操作方式，这不仅耗费了大量的时间和资源，也容易引发对采购流程公平性的质疑。此外，采购系统之间数据无法实

现即时交换和信息共享，例如，某个地区因违规记录而在黑名单上的供应商，可能在其他地区的采购活动中被忽视信用记录，从而增加了此类高风险企业违法的可能性，也引发了更多的争议与纠纷。

鉴于此，建立统一的政府采购信息化平台变得至关重要。该平台旨在实现全国范围内的采购信息、数据、流程的共享与标准化，有效解决重复建设与投资浪费问题，防止因规划协调不足导致的数据封闭与信息孤岛。考虑到我国政府采购的复杂性，需要财政、审计、税务、工商、质检、银行等多部门协同配合，共同构建这样一个跨部门业务协同的政府采购信息化平台，以促进采购体系的高效、透明与公平运行。

二、统一的具有业务协同功能的政府采购信息化平台定位

（一）平台的构建思路

从全球视角审视，世界各国在构建政府采购信息化平台时均遵循了统一和集中的原则，强调了统一规划、统一标准、统一平台以及数据集中、资源共享。基于我国的地理广阔性、政府部门的多样性以及采购品种的复杂性，建设标准统一、集成所有采购部门、全链条管理和服务的跨部门业务协同的政府采购信息化平台显得尤为必要且紧迫。

为了实现这一目标，我们可以从以下几个方面入手：

首先，优化政府采购信息化相关的法律法规制度。《政府采购法》作为指导政府采购行为的基本法律，需要在修改过程中充实与信息化应用相关的条款，确保其与《招标投标法》的协调一致，明确并统一在网络环境下采购流程的执行细节，以提升其实际操作性和适应性。

其次，实施统筹规划、有序推进采购平台的建设。尽管我国尚未建立统一的政府采购服务平台，但在电子化采购中已积累了一定的基础，应充分整合这些系统资源，逐步覆盖政策制定、采购监管、交易处理、物流配送等全链条环节，通过构建单一的全国性政府采购系统，实现各部门之间的互联互通，以避免资源浪费和重复建设。

再次，强化平台建设与政府采购体制改革的协同。政府采购制度改革应当以政府采购信息化的需求为导向，同时，政府采购信息化的实施也需根据改革进程进行适时调整，通过信息反馈机制不断完善自身。

最后，建立健全统一的平台基础数据库。这包括专家库、供应商库、采购人库、配送企业库、商品库、采购项目库、应急采购库、采购基地库、采购合同库等，旨在为政府采购提供专业咨询服务、市场信息支持、应急保障能力以及科学的数据管理，以促进政府采购的高效、透明与精准决策。同时，需要定期对数据库进行维护、更新，确保信息的时效性和准确性。

（二）平台的基本目标

政府采购制度改革的核心目标旨在完善采购规则和程序，提升执行效率，保证公开、公正、透明的市场竞争，确保采购结果的最优，实现资源的最大价值，提高财政资金的使用效率，加强政策导向，促进经济持续发展，同时也建立健全监督机制，预防和打击腐败现象。在此背景下，构建政府采购信息化平台成为推动这一改革进程的关键步骤。

此平台设计需围绕深化政府采购制度改革的主线展开，通过统一规划、统一设计、统一数据库管理等措施，构建起一个集政务信息公开、业务处理、监督管理、决策支持、物流配送、应急采购等功能于一体的全方位服务系统。平台旨在为政府采购相关方——包括监督管理部门、采购主体（如采购人、采购代理机构、供应商）、评审专家、社会公众以及领导层和审计机构——提供一站式服务，利用现代信息技术手段，实现政府采购工作的数字化、智能化转型。

具体目标包括但不限于以下几个方面：

1. 信息公开与透明

打造一个面向全社会的开放平台，提供全方位、实时更新的政府采购信息，确保信息获取便捷、透明，增强公众参与度，促进政府采购过程的阳光运行。

2. 业务流程标准化

通过平台实现采购活动各个环节的标准化操作，包括但不限于发布采购公告、接收投标文件、组织评标过程、签订采购合同等，确保整个采购流程的规范高效。

3. 监督管理科学化

运用信息化手段，对政府采购过程进行全面监控和评估，提供科学合理的监管工具和方法，提升监管效率和效果，确保采购活动的合法合规性。

4. 决策支持科学化

为决策者提供精准的数据分析和报告，辅助决策过程，确保决策依据的科学性和前瞻性，提升政策制定的效率和质量。

5. 物流配送优化

将信息化手段应用于采购商品的物流配送环节，实现订单处理、配送跟踪、货物状态查询等服务，确保采购物资能够及时、准确、经济地送达指定地点，优化采购流程的末端服务。

6. 应急响应机制

在面对突发事件时，能够迅速响应，通过平台紧急启动特定采购流程，确保关键物资的供应，支持政府在灾害救援、公共卫生事件等紧急情况下的快速响应和物资保障。

通过以上目标的实现，政府采购信息化平台不仅提升了政府采购体系的现代化水平，还极大地增强了系统的整体效能和应对复杂情况的能力，为推动公共采购领域改革和发展提供了有力支撑。

（三）平台的主要功能

政府采购信息化平台设计旨在全面提升政府采购的透明度、效率与服务质量，主要功能覆盖了面向社会服务的信息化平台和面向内部业务管理的内部办公、项目管理和决策支持平台两大方面。平台需重点实现以下基本功能：

1. 发布采购信息

公布招标公告和中标公告，确保所有采用招标或其他采购方式的成交结果都能准确及时地对外发布，以增强信息透明度，鼓励社会各界对政府采购行为及过程进行监督。

2. 供应商注册与管理

实施供应商在线注册，通过资格审查程序，有助于完善基础数据库，并提升政府、供应商参与政府采购活动的效率，降低成本。

3. 电子招投标与网上交易

将招标文件上线，供已注册供应商下载。采用在线投标和电子签名秘密报价的方式进行网上竞价，通过限时公开开标原则避免恶意竞争和事后否认情况，保障采购过程的公平与效率。网上交易的透明化有助于预防监管不力问题。

4. 电子支付

集成稳定可靠的电子支付系统，提升资金流动效率，降低操作成本和供应商风险。

5. 专家管理系统

建立专家信息管理系统，涵盖专家注册、审核、聘用、通知、抽选、费用计算及评审建议备案等功能，确保评审过程的专业性和公正性。

6. 第三方物流平台

通过政府采购选择优质、服务能力强的第三方物流服务商，集成其物流平台，实现物流过程的全程信息化，整体提升政府采购的执行效能。

7. 突发事件采购服务信息系统

构建应对突发事件的采购数据库，实时掌握供应商生产能力，协助政府在紧急情况下迅速启动采购，保障社会安全和提高应对突发事件的能力。

8. 政府采购综合监管系统

建立统一的监管系统，利用信息化手段监督政府采购全过程，包括专家活动、供应商行为以及内部流程，以避免暗箱操作，确保采购公正。

9. 内部办公、项目管理与决策支持

实现高效的内部办公系统、项目管理及决策支持平台，提升政府办事效率，增强政府采购对政府其他工作的支持能力，减少重复工作，提高整体运营效率。

通过这些核心功能的实现，政府采购信息化平台不仅能够大幅度提高政府采购的透明度、效率和成本效益，还能够促进政府治理的现代化，增强社会公众对政府工作

的信任度和满意度。

三、政府采购流程的优化与组织再造

(一) 现有政府采购流程

政府采购业务流程可被细分为内部流程与外部流程两大部分，其中内部流程主要涉及政府采购中心的自主操作，外部流程则在政府采购中心的监管下由第三方采购组织执行。整体流程大致如下：

1. 招标公告发布

招标单位通过招标系统发布招标公告，并使用单位私钥进行数字签名，确保公告完整性和不可抵赖性。投标单位则需浏览并验证公告的数字签名，以建立信任。这一环节确保了招标信息的真实性和安全性。

2. 资格预审

包括发布资格预审文件模板、下载模板及提交申请书等步骤。同样地，资格预审文件模板、模板的数字签名以及单位数字证书一同保存，保障了预审文件及申请书的完整性与不可抵赖性，为后续的采购活动提供了权威与可信的基础。

3. 下载招标文件

投标单位下载招标文件的同时，获取文件的数字签名与单位数字证书，验证其真实性，确保招标文件的有效性。

4. 提交投标书与开标

在提交投标书之前，投标单位需对其内容进行数字签名，形成安全标书，并在开标时验证其完整性。开标现场提交安全标书，通过数字签名验证其未被篡改，还原为原始投标书，确保了投标过程的公正与透明。

上述流程显著改进了传统手工采购方式，实现了采购信息公告、供应商注册的电子化，通过网络技术及电子加密、电子证书的运用，增强了系统效率与安全性。然而，当前的电子化政府采购系统仍处在初级阶段，多局限于信息发布，缺少全面的采购业务处理功能，如网上评标、专家抽取、流程控制等功能的缺失，表明系统设计在优化和再造传统业务流程上尚有改进空间，特别是在提升系统运行效率和充分发挥网络环境优势方面，仍有待进一步深化与完善。

(二) 政府采购流程优化思路

政府采购信息化平台建设旨在通过流程优化和再造，提升公共服务效率与质量。首要原则是以服务为导向，构建具有公共服务精神的政府形象，赋予社会更多参与采购活动的机会和便利。其次，以流程为核心，强调整体优化而非单一职能优化，打破部门壁垒，整合流程，消除冗余和碎片化的流程，增强流程协同性。

在实施过程中，应遵循以下具体原则：

1. 分离管理与执行

强化决策和监管职能，减少管理负担，可通过外包或引入第三方来提供专业服务，使政府采购中心更聚焦于政策制定和监管。

2. 流程精简与整合

审查现有流程，剔除非增值环节，如不必要的等待、信息重复传递和冗余审核，同时简化流程结构，确保信息流动畅通无阻。

3. 优化管理层级，扩大授权

通过下放权力给一线执行者，激发其积极性与创新能力，同时加强事后监督，明确责任归属，确保决策与执行的有效结合。

4. 遵循自然流程顺序

重构流程时，依据任务内在逻辑和关联性安排步骤，允许并行处理而非强制顺序执行，以此提高工作效率。

5. 信息一次获取，共享利用

避免信息重复处理，建立信息共享机制，确保源头收集的信息在不同环节间有效流通，减少冗余工作，提高资源利用效率。

遵循上述原则，政府采购信息化平台不仅能显著提升工作效率和公共服务质量，还能通过引入竞争机制、强化公众导向，打造更具活力、效率和效益的采购体系，更好地服务于公众需求和社会发展。

（三）政府采购服务平台的组织结构

政府采购服务平台按照层次结构被合理划分，具体分为五个关键层次，每一层次都承载着特定的功能，共同构建了高效、透明的采购流程。

1. 设备层

设备层是平台的基础硬件架构，包括物理网络设备、存储备份设备、负载均衡设备以及安全防护设备等。这些设备为平台的稳定运行提供了必要的物质条件，确保数据传输的高效性和安全性。

2. 数据库层

数据库层由多个部分组成，分别是基础数据库、应用数据库、目录数据库和备份数据库。目录数据库特别重要，它用于发布采购商信息与采购产品的目录，为供应商和采购方提供直观的市场信息。

3. 基础引擎层

基础引擎层包含工作流引擎、权限引擎、规则引擎、报表引擎等多种触发引擎。这些引擎自动化执行各种功能，为政府采购流程的自动化提供了技术保障，大大提升了工作效率。

4. 应用支撑层

应用支撑层由业务支撑、内部办公模块、公共技术支持及公共服务支撑四大部分构成。业务支撑涵盖了供应商管理、专家管理、产品管理及应急采购等功能模块，确保采购活动的专业性和灵活性。内部办公模块则负责公文管理、任务分配、项目管理、行政审批与决策支持等工作，加强了内部事务的协调与管理。公共技术支撑包括短信平台、调查系统、订阅系统和 CRM（客户关系管理）等技术支撑基础，增强了服务平台的技术功能。公共服务支撑则通过整合第三方服务资源，引入电子支付、物流管理、信用服务等应用，为用户提供便捷的服务体验。

5. 应用层

应用层聚焦于内部办公、项目管理等信息化系统建设，同时构建了一个统一的政府采购门户网站，以实现对外服务的集中展示和管理。这不仅方便了用户访问和操作，也为提升政府采购过程的透明度和公众参与度提供了渠道。

6. 保障支撑体系

为了确保平台的正常运行和高效运作，还需建立四个关键保障支撑体系：监督管理体系、政策法规标准规范体系、安全保障体系和第三方评估体系。监督管理体系通过信息化手段，实现从信息发布到采购执行的全过程监控，确保公平、公正、公开的原则。政策法规标准规范体系则专注于政策完善与基于信息化的数据管理，推动采购流程的标准化与规范化。安全保障体系则从预防、保护、检测、响应到恢复全阶段构建安全机制，集成数字证书认证网管，加强身份认证、电子签名及权限管理。第三方评估体系则对重大项目进行全程评估，有助于政府规避不正当竞争与恶意投标，促进公平竞争环境的形成。

综上所述，政府采购服务平台通过精心设计的多层架构和全方位的保障体系，实现了采购流程的高效、透明与安全运行，有效提升了政府采购工作的整体效能与社会信任度。

四、政府采购服务平台的运营模式

政府采购服务平台在完成建设之后，其运营模式应当采用政府主导下的监督管理与市场化运作相结合的方式。这一模式的核心在于，政府应承担起选择并监管运营主体的责任，确保平台能够有效地服务于政府采购活动，同时也保持一定的可控性。

具体而言，政府应当通过招标等方式，筛选出具有实力且能够保证服务质量的企事业单位作为运营单位，这将使平台的运行更为稳定，同时也便于政府对其实施定期与不定期的监督抽查，以确保平台正常运作和高效服务于政府采购。

在平台建设的初期，特别是运营初期阶段，政府可以通过提供资金补助或制定优惠政策等措施，给予运营单位一定的扶持，帮助其实现平稳启动并有效运行。

然而，长期的运营策略则需要坚持市场化原则。运营单位应当具备自给自足的能力，通过提供服务收费、开发增值功能和服务、开展部分电子商务活动等方式，获取合理的收益，以支撑平台的长期运作和发展。这些服务费用的收取和使用，都应当置于政府的严密监管之下，以防止出现完全市场化后追求短期利润最大化的情况，确保平台服务的质量和公平性，维护公共利益。

　　总之，政府主导与市场化运作相结合的运营模式，旨在通过政府的监管作用保证平台的规范性和服务的公共性，同时借助市场的力量激发运营单位的积极性与创新性，实现平台的可持续发展，最终达到提高政府采购效率、降低交易成本、促进公平竞争的目标。

第七章

政府采购信息化保障体系建设

第一节 政府采购数据挖掘探索

一、政府采购分析需求探索

（一）政府采购业务流程

政府采购业务流程可概括为六大阶段：

1. 政府采购预算编制阶段

这阶段的主要任务是对下一年度的政府采购活动进行初步估算，以合理规划财政支出，形成明确的政府采购预算指标。

2. 政府采购申报阶段

采购需求由采购单位正式提交至相关管理部门或采购平台，以启动后续的预算审批与采购程序。

3. 政府采购计划阶段

在此阶段，需制订详细的采购计划，内容包括但不限于采购目标、具体采购物品种类与数量以及拟采用的采购方式（如公开招标、邀请招标、询价等）等信息。

4. 政府采购执行阶段

这是采购的实际操作阶段，通常由专业采购代理机构执行。该阶段涵盖从起草并发布采购公告、供应商提交投标文件到组织评标直至确定中标供应商的一系列步骤。其中，公告的发布需在指定媒体上进行，供应商则需按照公告要求准备并提交投标文件；专家团队根据事先设定的评标标准对投标文件进行评分，最终采购单位基于评标结果选择合适的中标供应商，并由采购代理机构完成中标登记。

5. 政府采购合同签订阶段

中标后，采购单位与供应商正式签署政府采购合同，明确双方的权利义务及合同执行的具体细节。

6. 政府采购资金支付阶段

在采购合同完成后，供应商需履行合同条款并提供符合采购单位验收标准的产品或服务。此时，采购单位应向财政部门提出付款申请，财政部门审查无误后，下达付款通知单至国库集中支付中心，后者根据通知单要求及时将政府采购资金划拨至中标供应商账户。

数据分析将重点关注政府采购申报、计划与合同签订阶段，旨在深入解析这些环节的数据特征、流程优化点及潜在风险，为提高政府采购效率与透明度提供决策支持。

（二）政府采购申报、计划阶段

1. 政府采购申报、计划流程

采购单位在接收到政府采购预算指标后，需据此提交详细的采购申请。这份申请应当包含关键信息，比如指标额度号、采购项目具体内容、所涉采购目录、详细的采购明细、申请的资金总额、资金来源、资金属性，以及预期完成的时间节点。一旦采购单位完成申请的撰写并提交，该申请将被送至主管部门，由其负责对所申报的采购项目进行汇总及初审，以确保项目的合理性和可行性。

接着，申请将流转至财政业务处室，这一环节的重点在于对拟使用的财政资金进行严格审核，确保资金的合理分配和使用合规。只有在所有审核流程均通过的情况下，政府采购处才会接手下一步工作，决定具体的采购组织实施形式，即选择是否进行集中采购、分散采购或是部门集中采购，明确适用的采购方式，进行招标（如公开招标）、谈判（如竞争性谈判）、邀请招标或是询价采购等。

最后，根据采购申请的实际情况和审核结果，政府采购处将正式下达采购计划给专门的采购代理机构，指导其执行具体的采购任务。与此同时，国库集中支付中心会根据已批准的政府采购计划和预算，精准划拨所需的资金至采购计划中，确保采购活动的资金流顺畅，整个过程透明且高效。

2. 采购申报计划阶段的现状

（1）出现无预算采购行为

无预算采购行为指的是当某个单位提出一个采购申请时，并未事先为其项目编制好政府采购预算，也就是说，该单位的采购行动并没有相应的预算指标支撑。这样的行为实际上违背了政府采购的基本原则，因为按照规范流程，任何单位在启动采购之前都应首先根据实际需要编制政府采购预算，并基于此预算申请政府采购计划。如果一个采购计划未经预算支持便提出，按照规定，财政部门应当拒收该采购申请，禁止组织任何形式的政府采购活动，并拒绝支付任何与此相关的资金。这旨在从制度层面防范无预算背景下的政府采购行为，确保所有采购活动都在预算框架内有序进行，避免财政资源的浪费和滥用。

（2）不按照预算进行申报

按规定，政府采购资金实行统一管理、统一核算、专款专用，但有些单位不按照预算指标规定的用途进行申报，而随意更改指标的用途或挪用项目经费。很明显，这种行为使政府采购预算失去了应有的效益。

（3）如何合理地下达计划

为了确保政府采购的高效性和公平性，越来越多的地区开始引入社会采购代理机构，通过竞争机制来提升服务质量、控制成本。然而，随着政府采购规模的逐年扩大，如何合理地将这些任务分配给不同的采购代理机构成为关键问题。是依据采购目录，还是项目金额，或是把两者结合的方式作为计划下达的标准，成为决策者面临的重要选择。

考虑到政府采购的多元化需求和复杂性，一个综合考虑采购目录与项目金额的计划下达方式可能是更为合理的选择。这种方式一方面能够根据具体的采购类别和需求，明确各个代理机构的职责范围和任务量，从而实现专业化服务；另一方面，通过关注项目金额，可以更好地平衡不同规模和复杂度的采购任务，确保资源的有效分配和利用。同时，结合这两种标准还可以帮助减少重复劳动，提高整体效率，并促进公平竞争，使政府采购活动更加透明、公正。

最终采用哪种分配标准，关键在于建立一个科学、合理的评估体系，确保每个采购代理机构都能明确自己的工作目标和责任范围，同时，也为绩效考核提供客观依据，从而推动政府采购工作的持续优化和发展。

3. 采购申报计划阶段的分析需求

在政府采购的规划与执行过程中，确保财政资金的合理利用，防止无预算采购及资金挪用等问题，不仅是财政监管的关键所在，也是提升政府治理效能的重要环节。仅依赖财政监督管理部门的努力显然是不够的，需要多方位、多角度的策略来共同解决这些问题。

首先，建立完善的预算编制与审批流程，明确资金使用的具体条件和程序，严格限制和规范预算外采购行为的发生。制定详细的财务管理制度和内部控制机制，定期对资金使用情况进行审计，发现并纠正潜在的问题。

其次，采用信息技术手段强化监管，如构建电子化采购平台，实现采购信息的公开透明，增强采购过程的可追溯性。利用大数据和数据分析技术，定期对政府采购数据进行深度挖掘，分析采购模式、预算执行效率、资金流向等情况，及时识别并处理异常行为。

最后，建立健全的绩效评估体系，对政府采购项目实施效果进行评估，鼓励采购单位积极响应节能环保、自主创新等政策要求。对执行良好、符合政策导向的采购单位给予奖励，对于违反规定的行为进行严肃处理。

制定上述措施和决策的依据主要来自历年的政府采购数据和政策要求，例如：

（1）数据分析

通过对历史采购数据的分析，识别出不同领域、不同规模采购项目的常见模式，以及资金使用效率较高的方法。此外，可以分析政策导向产品的市场供给情况，了解哪些供应商有能力提供符合特定要求的商品。

（2）政策法规

遵循国家及地方制定的相关政策法规，如节能环保、自主创新等方面的政策，确保政府采购活动与国家发展目标保持一致。

（3）市场需求

考虑社会和行业的发展趋势，以及采购需求的变化，确保采购计划的前瞻性和适应性。

（4）绩效评估结果

通过定期的绩效评估，反馈采购项目执行情况，总结经验教训，不断优化采购策略和制度设计。

综上所述，政府采购部门在下达采购计划、引入社会采购代理机构时，应基于以上多维度的分析与决策依据，确保计划的合理性、公平性与公正性。通过建立完善的数据分析、政策指导和监管机制，有效促进政府采购工作的规范化、高效化，最大化发挥财政资金的经济效益和社会效益。

（三）政府采购合同签订阶段

政府采购合同的签订流程通常涉及以下步骤：采购单位与中标供应商就中标项目的具体细节进行最终确认，包括中标金额、资金支付方式、货物交付时间与地点等关键要素。这是一系列复杂而细致的操作，旨在确保交易的顺利进行，并符合既定的政府采购政策与标准。

在合同签订阶段，时常出现的问题之一是采购单位对于指定品牌的偏好导致了拖延，特别是当候选供应商中缺乏单位所指定的品牌或供应商时，这种偏好可能导致合同签订的延误。这一现象反映了采购过程中对于特定供应商的偏好可能与市场竞争原则产生冲突，进而影响到政府采购的公平与效率。

对于这一阶段而言，重点在于加快合同签订的速度，确保政府采购任务能够在预期的时间内完成。同时，也需深入探讨与分析合同签订阶段与其他阶段的关联性，特别是与政府采购预算编制阶段的联系。通过比较采购合同金额与预算金额之间的差异，评估预算的准确性，并据此调整下一年度相应项目的预算资金。这一分析不仅有助于优化预算编制过程，提高资金使用的精准度，还能够促进政府采购体系的整体优化与效率提升。这样的分析可以使人们更好地理解政府采购流程中的各个环节，以及它们之间的相互影响，为后续的改进提供依据。

（四）政府采购需求分析

为了全面把握和优化政府采购流程，实现财政资金的最大化利用与高效管理，我们针对政府采购申报、计划、合同签订阶段的关键流程及现状，提出了四个基于数据仓库技术与数据挖掘技术的需求分析方向：

1. 预测政府采购规模

通过对过去几年政府采购金额的数据进行深度分析，构建预测模型，准确预测下一年度政府采购的总体规模及其细分领域，如特定类项目、单位或行业采购规模。此举不仅有助于优化下一年度的政府采购预算规划，还能科学合理地安排政府采购支出，

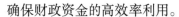

确保财政资金的高效率利用。

2. 反腐防贿策略

利用合同签订结果数据，识别供应商与采购代理机构或预算单位之间的潜在关联，运用数据挖掘技术深挖利益输送、商业贿赂等问题。此举旨在强化监督机制，确保政府采购过程的透明、公正，预防腐败现象的发生，维护市场秩序与公平竞争。

3. 分类与异常检测

分析采购目录、商品属性（如节能、节水、环保、自主创新）、采购数量、资金总额等信息，通过聚类分析、异常值检测等技术手段，揭示政府采购申请中的潜在分类，预防重复采购或异常采购行为，同时提供依据指导政府采购工作，使其更有效地引导财政支出方向，促进经济社会可持续发展。

4. 预测采购方式与组织

结合采购计划的采购目录、资金情况、项目属性等数据，运用决策树算法等机器学习方法，预测采购项目的采购方式、组织形式及代理机构选择，以此为制订政府采购计划提供科学依据，规范采购管理流程，减轻管理负担，提升行政效率。

这四个方面的综合分析，不仅能全面提升政府采购的科学决策水平，还能有效降低行政成本，增强政府采购工作的透明度和公平性，为推动国家治理体系和治理能力现代化贡献重要力量。

二、创建政府采购数据仓库

（一）创建政府采购数据仓库的目的

1. 数据仓库区别于业务数据库

创建政府采购数据仓库的主要目标是有效整合并统一处理来源于多个异构业务系统的数据，解决数据集成难题。当前，政府采购管理部门往往依赖于各自的业务系统来进行数据分析，然而这种分散的处理方式不仅导致了数据孤岛现象，降低了数据的有效利用率，还增加了数据分析的复杂性和成本。

实施数据仓库解决方案，可以实现数据的清洗、转换以及加载过程，使得来自不同业务系统的信息能够被整合到一个统一的平台中。数据仓库具备定期的数据加载和更新功能，确保了数据的时效性和完整性。更为关键的是，数据仓库作为独立的数据库系统，它与具体的业务应用分离，这意味着即使政府采购管理系统进行更换或升级，也不会对数据仓库中的数据造成影响，保证了数据的连续性和稳定性。这样的设计不仅提升了数据管理和分析的效率，还确保了决策支持的可靠性和一致性，对于优化政府采购流程、提高决策质量具有重要意义。

2. 为数据挖掘减少工作量

已经完成数据抽取、数据转换和数据加载的数据仓库完全能为数据挖掘提供所需要的数据，免除了数据挖掘准备数据的繁杂过程，使得数据挖掘能迅速进入实质阶段，更专注于知识的发现，提高了数据挖掘的效率。

3. 为设计政府采购资金数据集市做准备

将政府采购数据仓库作为数据挖掘的对象，确实能解锁丰富的数据洞察，但由于数据量大和复杂性高，这往往伴随着较高的计算和时间成本。为了聚焦资源、提高效率，并满足特定的分析需求，我们将关注点集中于财政资金及其相关属性，尤其是与政府采购资金紧密相连的因素。

首先，通过构建政府采购数据仓库，我们实现了对所有采购活动数据的集成和存储，确保了数据的一致性和完整性。接着，基于这个数据仓库，我们进一步创建了针对政府采购资金的独立数据集市。这一步骤的目的是针对特定领域（如财政资金）的快速、高效访问和深入分析，避免直接从大型数据仓库中检索大量数据所带来的性能瓶颈，显著提升数据访问和处理的效率。

这种方式不仅能够更精准地分析政府采购资金的流向、规模、使用效果等关键信息，还能在保障数据处理速度的同时，提供深度的见解，为决策者提供强有力的数据支撑，推动政府采购政策的优化和改进。

（二）政府采购数据的来源

为防止这些数据被不当利用，必须保证财政资金数据的安全性，所以对政府采购资金数据做了调整，对一些数据为空值的列增加了数据，对已有数据列的数值进行了改动，以利于数据挖掘效果的展示。

（三）确定政府采购数据仓库的主题

在构建数据仓库的过程中，明确数据仓库的业务主题域是至关重要的步骤。对于政府采购流程，我们确定了三个核心主题域，即政府采购申请、政府采购计划、政府采购合同，以覆盖整个采购过程的关键环节。

政府采购申请主题包含了以下几个度量值：申请的数量、单个申请的价格以及总的资金投入。维度则涉及采购目录、商品的特性、选择的采购方式、组织的采购形式、执行采购的机构、资金的来源类型、支付方法、采购是自行进行还是委托他人代理等方面的信息。

政府采购计划主题的度量值则关注预计的采购数量、预计的单价以及计划的资金总额。维度方面，除了与采购申请相似的项目，还特别强调了采购方式、组织形式、执行机构、资金性质、支付方式以及采购是自我执行还是通过第三方代理等要素。

政府采购合同主体的度量值则涵盖了合同的数量、每份合同的价格、合同资金的总额以及实际执行金额（即扣除采购折扣后的实际支付金额）。此外，维度还包括了时间、供应商信息、预算单位、采购目录、采购方式、组织形式、执行机构、资金性质、支付方式以及采购是自我执行还是通过第三方代理的情况。

通过这样的结构化设计，数据仓库能够有效地整合并提供这些关键信息，以便于分析、决策和支持各类报告生成，从而提升政府采购管理的效率和透明度。

（四）政府采购数据仓库模型设计

1. 事实表设计

事实表在数据仓库架构中扮演着核心角色，其设计旨在集中描述特定业务场景下的关键量化指标，以便于深入分析和决策支持。事实表通常包含度量值和与维度表关联的键，用以精确捕捉业务流程的核心数据点。在设计过程中，度量值代表着事实与分析相关联的量化特性，而键则是连接维度表的关键字段，帮助实现对大量非结构化信息的高效查询和聚合。

2. 采购计划明细事实表内容

采购计划资金明细事实表：聚焦于资金层面的度量，如计划资金总额及其分配情况，通过主键与计划明细事实表关联，实现对资金使用情况的精细化追踪。

采购申请事实表：反映申请阶段的关键度量，如申请金额、申请日期等，与采购申请明细事实表通过主键关联，确保信息的一致性和完整性。

采购申请明细事实表：进一步详细记录每个申请的具体内容，如申请的商品名称、数量、单价等，与申请事实表通过主键关联，提供更深入的分析视角。

采购申请资金明细事实表：关注资金分配细节，如申请的预算分配、实际支出等，与申请明细事实表关联，便于财务分析。

采购合同事实表：概述合同基本信息，如合同金额、签订日期等，与采购合同明细事实表通过主键关联，记录具体的交易详情。

采购合同明细事实表：聚焦于合同的每一项条款和具体交易，包括单价、数量、供应商信息等，与合同事实表关联，支持对合同执行情况的追踪和分析。

采购合同资金明细事实表：记录合同资金的使用情况，如已支付金额、剩余金额等，与合同明细事实表关联，提供资金管理的详尽信息。

通过以上事实表的设计，构建出一套全面且层次分明的数据仓库架构，有效支持采购管理过程中的各种分析需求，从战略规划到日常运营，再到绩效评估，均能获得精确且及时的数据支持。

3. 维度表设计

维度表在数据仓库架构中扮演着重要角色，它主要由维主键和维属性组成，为数据提供了不同的视角，使得数据分析更加灵活和直观。维度表的设计通常围绕着业务的范畴展开，提供对业务数据的不同切片，使得用户可以从多个角度理解和分析数据。维度属性能够反映出业务过程中的详细信息，如产品类别、时间、地点、状态等，从而在需求分析时为用户提供多种观察和决策的视角。

在数据仓库的设计中，维度表通过主键及事实表的外键实现与事实表的连接，这种设计方式使得数据之间的关系清晰明了，方便了复杂的查询和报表的生成。时间维度作为最常使用的维度之一，因为它能够捕获事实数据随时间的变化，这对于历史分析、趋势预测以及决策制定都至关重要。

在具体设计的维度表中，如时间维度表、供应商维度表、采购单位维度表、采购代理机构维度表、采购目录维度表、商品属性维度表、采购方式维度表、资金性质维度表、采购组织形式维度表、资金支付方式维度表等，每一种维度都针对特定的业务领域，提供深入的分析视角。这些维度表不仅独立存在，还在某些情况下通过外键连接其他详细类别表，以增强维度信息的丰富性和准确性。

采用雪花模型设计数据仓库的逻辑模型，是一种分层的维度扩展策略，允许维度表根据需求逐步扩展或细化。通过在预算单位维度表、供应商维度表、采购机构维度表等中添加额外的外键连接，可以实现对基础维度的进一步细分，比如关联到更详细的地区、产品类型或者更具体的财务分类。这种设计不仅提高了数据的颗粒度，还增强了维度表之间的联动性，使得数据整合和分析更加精细和灵活，满足了复杂业务场景下多样化的分析需求。

（五）ETL 过程

ETL，是英文 Extract – Transform – Load 的缩写，用于描述数据从来源端经过提取（extract）、转换（transform）、加载（load）至目的端的过程。

1. 提取数据

提取数据的方法很多，采用全表删除/插入方式提取数据，每次提取数据操作均删除目标表数据，再重新提取数据。全表删除/插入方式规则简单、速度快，同时也为了保证联机分析处理数据的完整性与准确性。

2. 转换数据

数据转换是确保数据质量和一致性的重要步骤，特别是在处理如政府采购数据这样的复杂数据集时尤为重要。政府采购数据源可能面临各种导致数据质量下降的情况，主要包括以下几个常见问题：

逻辑关联的一致性问题：这包括单位和单位代码之间出现不匹配的情况，即某个单位在数据库中的记录与其唯一标识码不对应，这可能源于数据录入时的疏忽或是数据源更新不及时造成的错误。

数据缺失：虽然与资金相关的数据相对完整，但其他关键字段可能存在缺失现象，如采购日期、商品描述等，这会直接影响数据分析的效果。

字段误用：在实际操作中，数据录入人员有时会将两个不同字段的值互换，例如在采购数据中，供应商开户银行和银行账号被错误地填写，导致后续分析的复杂性增加。

不一致的命名和表示：单个实体的值因不同的命名习惯或记录规范而产生差异，如单位名称可能有全称和简称的并存，供应商信息也可能在不同记录中以不同形式出现，增加了数据整合的难度。

输入错误导致的不一致性：例如，在商品信息中，型号的输入错误（如遗漏字母或输入错误），这类错误虽看似轻微，但在大规模数据集中却能累积成为显著的问题，影响数据的准确性和可靠性。

数据转换则是指将原始数据从其初始操作型格式（如数据库或电子表格）转换为

适应数据仓库或分析系统所需的标准格式的过程。这一过程通常包括格式化日期、标准化货币单位、编码类别数据、合并相似记录等操作，旨在消除数据冗余、统一数据结构、提高数据可读性和易于分析性。通过有效的数据清洗和转换，可以大大提高数据分析的效率和准确性，确保决策支持系统的可靠性和有效性。

3. 加载数据

在数据经过彻底转换之后，将其装载至合适的数据仓库的事实表中，是构建高效、可靠的分析基础的关键步骤。数据的装载方式主要依赖于两种策略——刷新与更新，每种方式都有其适用场景和特点。

刷新操作指的是全面重写数据仓库内的数据，这相当于清空原有数据，并完全替代为新数据。这种方法常与首次填充数据仓库的需求相关联，确保数据仓库自建立之初便具有最新、最完整的数据集。

相比之下，更新操作则侧重于只将数据源中发生变化或新增的数据加载至数据仓库中，避免对已有数据进行修改或删除。这种策略通常配合增量抽取（Incremental Extraction）使用，适用于需要频繁更新且数据变化频繁的场景，如定期更新政府采购数据仓库，以保证分析结果的时效性和准确性。

采用数据仓库的"雪花模型"设计，即构建由事实表、维度表和详细分类表构成的多层数据结构，能够实现复杂度与灵活性之间的平衡。事实表作为中心节点，存储关键业务指标；维度表提供上下文信息，便于理解事实表数据的具体背景；而详细分类表进一步细化维度属性，丰富数据层次。这样的设计框架不仅提升了数据的可读性和查询效率，也便于未来数据需求的扩展和调整。

通过执行一系列的 ETL 流程，即数据的抽取、转换和加载过程，政府采购数据仓库得以成功构建。这一过程中，数据被精心组织和优化，以满足数据分析和决策支持的特定需求，从而实现数据的价值最大化。

三、政府采购数据挖掘分析

（一）基于聚类算法分析采购申请的分类

1. 应用背景分析

政府采购申请的编制基于各采购单位的实际需求和预算安排，涵盖了数量、金额、采购方式、商品属性、资金来源等多种因素，由于缺乏统一明确的政策指导，这些要素之间并未形成明显的逻辑关联。然而，若能深入挖掘并识别出这些要素之间可能存在的内在联系，不仅能够为财政管理部门制定相关政策提供依据，还能有效提升审核工作的效率，及时发现潜在的异常情况，并发挥财政支出的引导作用。

以预算内资金为例，当资金规模落在某一区间时，采购单位可能选择自付，而当资金超过一定数额，则由财政直接支付。对于未来类似的申请，若发现超出常规预算范畴的情况，管理者可以迅速识别出潜在的异常行为，将注意力集中于那些可能出现违规操作或需求偏离常规情况的单位，而非对所有申请均给予同等关注，从而显著降低管理成本，确保资源的有效分配。

同样地，通过对不同采购目录下经常采购的商品的属性进行分析，如环保或节能等特性，可以揭示出商品采购背后的规律性需求。这种洞察力有助于财政部门更精准地引导资源流向，促进节能减排等可持续发展目标的实现，增强政府采购政策的针对性和有效性。通过对采购申请中隐藏关系的识别和利用，不仅可以简化审批流程，提高工作效率，还能通过科学合理的决策支持，促进财政支出向更加高效、可持续的方向发展。

2. 数据集市设计

为了在政府采购申请中发现隐含的分类模式，检查未来采购项目的归属类别，识别异常采购行为及其潜在原因，并进一步指导财政资金的支出方向，本节旨在实施聚类算法分析。聚类算法的应用旨在揭示数据间的相似性和相关性，帮助决策者理解和优化采购策略。

聚类分析的数据集将整合自两个主要组成部分：采购申请明细与采购申请资金明细作为事实表，采购方式、采购目录、商品属性、资金性质、组织形式、支付方式和采购申请汇总表等作为维度表。这一数据集的核心度量值是计划总金额，用于量化每笔采购的价值，从而构建一个综合性的视角来评估和比较不同的采购活动。

通过采用雪花模型进行数据仓库的设计，我们可以有效地组织和管理层次化的数据，确保分析的深度和广度。雪花模型通过分层分解实体和关系，不仅便于数据的管理和访问，而且能够支持复杂查询的需求，尤其在处理大量的历史采购数据时更为关键。这种结构化方法有助于我们系统地分析采购模式，识别趋势和模式，以及预测未来采购行为，从而为决策提供有力的数据支撑。

3. 数据挖掘模型设计

在构建采购申请数据集市后，我们选择了聚类分析算法、事例级别列及嵌套表设计，以此构建数据挖掘的框架。事例级别的选择聚焦于关键属性：采购申请的内部编码，代表每份申请的独特标识；是否委托采购，区分自购与外包；以及采购组织形式，了解申请的发起单位与流程特性。这些属性构成了我们分析的基础，帮助我们深入理解采购行为的不同面向。

嵌套表则进一步细化了分析维度，包括是否追加采购和资金的支付方式，以金额的形式量化不同决策的影响。这些嵌套表的设计旨在捕捉更细致的行为模式，为后续的聚类分析提供更为丰富的信息层次。

在聚类分析算法的配置阶段，我们明确排除了预测列的设定，集中关注构建一个基于采购申请数据集的纯描述性模型。我们将选定的维度和度量值作为输入列，让算法自动寻找数据内在的关联与模式。

完成上述准备工作后，数据挖掘模型成功部署，接下来的步骤是通过聚类分析生成一系列可视化报告，包括分类关系图、分类剖面图、分类特征图、分类对比图等。这些图表不仅直观展示了不同采购申请间的群体结构，还揭示了各类别内部的特性差异，以及不同群体之间的相对位置，为我们提供了深入洞悉采购行为多样性和复杂性

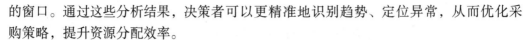

的窗口。通过这些分析结果，决策者可以更精准地识别趋势、定位异常，从而优化采购策略，提升资源分配效率。

4. 价值分析及政策建议

通过聚类算法对采购申请进行分析，我们发现了显著的区别：自行分散采购的项目普遍未有追加资金的情况，而委托集中采购的项目则表现出追加资金的现象，且追加金额通常低于20万元。这一发现为未来采购申请的决策提供了宝贵的参考依据。针对自行分散采购的项目，一旦出现追加采购资金的现象，这被视为一种异常情况，应成为管理重点对象，以增强对这类项目的追踪力度，深入探索其背后的原因。与此相反，对那些符合已确定聚类模式的采购申请，则无需投入过多的时间与精力进行额外关注，从而实现了工作量的有效缩减，提高了采购效率。

通过这样的数据分析方法，不仅能减轻采购管理部门的工作负担，还能确保政府采购工作更加有目的、有针对性地展开。不仅仅局限于对采购组织形式、自行或委托采购、资金支付方式及支付金额的聚类分析，对于诸如采购目录、商品属性、采购方式、资金性质及其金额等其他属性，同样可以运用聚类分析工具，从中发现具有相似特征、蕴藏意义的分类，以此深化政府采购管理，推动其规范化发展。

此外，聚类分析的应用范围不应仅限于采购申请本身，而是可以扩展至整个政府采购流程，包括但不限于采购计划、采购立项、采购合同签订、资金支付等环节。通过对这些环节进行聚类分析，有助于揭示隐藏的规律，发现潜在的问题点，进而强化管理措施，促进政府采购工作的整体优化。通过深度挖掘这些聚类分析所提供的洞察，不仅可以提升政府采购的透明度和效率，还能有效规范采购行为，促进公共资源的合理配置。

（二）基于决策树算法分析采购计划的下达标准

1. 应用背景分析

在政府采购流程中，当资金申请经过业务处室的审核后，接下来由政府采购部门决定采购的组织形式、方式，并向采购代理机构发出执行采购计划的指令。在这个过程中，政府采购管理部门需基于明确的准则来做出判断。采购组织形式涵盖集中采购、分散采购及部门集中采购等类型，采购方式则包括公开招标、邀请招标、单一来源采购、询价采购等多种选择。采购代理机构则可由政府采购中心、甲级或乙级的社会采购代理机构以及部门集中采购机构担任。

面对采购单位提出的项目采购目录多样、采购数量与金额参差不齐的情况，制订采购计划的标准变得较为复杂。为确保高质量和高效进度的同时，引入更多社会采购代理机构、强化竞争机制是关键目标。因此，在下达采购计划时，应综合考虑采购申请的金额、采购目录及其他相关因素，以实现更合理的分配。

然而，各省市在计划下达标准上的差异，要求我们必须采取一致的做法，以体现公开、公平、公正的原则，确保采购质量与进程不受地域限制影响。引入社会采购代理机构不仅能够增加市场的活力，还有助于提升采购过程的透明度和效率。为了制定出既有效又合理的标准，我们需要依赖适当的工具和辅助技术，以科学化的方式指导计划下达流程，确保所有环节都能在统一标准下顺利运行。

2. 数据集市设计

为了构建一个有效的决策支持系统，本节聚焦于利用决策树算法为政府采购计划的制订提供合理的标准，以此规范政府采购管理流程并显著减轻管理者的负担。在数据处理层面，以采购计划明细表作为核心事实表，围绕采购目录、采购方式、采购机构、采购组织形式以及采购计划主表构建了维度表，并通过将计划采购数量、采购单价和采购总金额作为度量指标，最终形成了一个基于雪花模型设计的多层次数据集市结构。

在多维数据分析浏览器中，通过将采购目录、采购方式、采购组织形式和采购机构资格设为维度参数，而计划金额作为度量指标进行查询分析，我们发现了一种现象：在集中采购的场景下，采购中心的执行金额通常显著高于甲级和乙级采购代理机构的执行金额，甚至乙级采购代理机构几乎未参与政府采购活动。这种局面导致了代理机构间的竞争机制未能充分展现，严重阻碍了政府采购活动遵循公开、公平、公正原则的实现。这不仅影响了采购质量的保障，还可能延缓了采购进度，进而对整个政府采购体系的健康运行构成了挑战。

3. 数据挖掘模型设计

为了构建一个有效的决策支持系统，本段聚焦于利用决策树算法在政府采购计划数据集市中进行数据挖掘，旨在根据具体的业务需求提高政府采购管理的效率与透明度。数据挖掘模型的构建始于一个以采购计划明细表主键作为事例级别的数据结构，随后通过嵌套表的方式整合了采购组织形式、采购方式、采购机构、采购目录、采购计划主表等关键信息。在这一数据挖掘结构中，数量、单价、计划金额等作为度量指标被明确标注，构建了一个层次分明、逻辑清晰的数据集。

在数据挖掘模型的设计阶段，我们将采购方式设定为主要的预测目标，而采购机构、采购目录、采购组织形式等属性则作为重要的输入特征。这样的结构设计允许决策树算法通过对这些输入特征的分析，有效地预测采购方式，从而为决策者提供精准的决策依据。

部署数据挖掘模型后，在模型查看器中展示的决策树呈现了水平布局的特征，其以全部事例作为起始节点（根节点），采购机构、采购目录、采购组织形式则作为中间节点或是分支节点（叶节点）。每一条从根节点到特定节点的路径代表了一组规则，揭示了从初始信息到最终预测结果的逻辑链条。此外，每个节点都附带了挖掘图例，清晰地展示了该节点的可预测列属性、事例的数量、事件发生的概率以及直观的直方图。通过这种方式，决策者能够一目了然地理解模型的决策过程，进而优化政府采购策略，提升决策的科学性和精准性。

4. 价值分析及政策建议

在实验室设备的采购项目中，考虑到其特殊性，如规格型号的独特要求，通常采用由相关部门进行集中采购的方式，以确保专业性和效率。然而，对于如何确定采购方式，则需要遵循一套明确的标准，使得整个采购流程更加规范化和透明化。决策树算法在这里发挥着关键作用，通过分析历史数据和当前情境下的各种条件，它能够有效地指导采购方式的选择。具体而言，对于那些采取部门集中采购的项目，决策树模型会根据实际情况倾向于推荐公开招标或询价采购作为首选的采购方式。

决策树模型不仅能够帮助我们确定合适的采购方式，还能为建立采购计划下达的标准提供有力支持。这不仅确保了采购活动的高效执行，同时也强化了对整个采购流程的管理，使之更加符合规定和标准。

在构建决策树模型的过程中，依赖关系网络图成为解决问题的关键工具之一。这张图揭示了采购方式、采购机构与计划金额之间存在着密切的关联。根据对历史数据的深度挖掘，我们发现这些因素之间存在着显著的影响关系：一方面，采购方式和采购机构的选择能够预测计划金额的大小；另一方面，计划金额的规模也会影响后续的采购方式、采购机构乃至采购组织形式的决定。

因此，在制订采购计划时，首先评估并确定计划金额，之后依据金额规模合理选择合适的采购方式和采购机构，这不仅确保了资源分配的合理性，还进一步促进了采购流程的标准化和科学化管理。整个过程中，决策树模型不仅提供了解析复杂决策关系的工具，也为实际操作提供了明确的指引，有助于实现更高效、更精准的政府采购管理。

（三）基于时序算法预测政府采购趋势

1. 分析的原因

随着社会经济持续增长以及政府采购规模年复一年地扩大，深入分析过去几年的政府采购动态，可以帮助我们预测来年政府采购的规模。这一预测对于财政部门制定全国、省级、市级的年度政府采购预算至关重要，能为政策制定提供有据可依的支持。

进行政府采购规模趋势预测时，我们可以从多个角度入手，包括总规模、特定类型项目的规模、某个单位的采购规模、某个行业内的采购量，甚至是多种维度的综合预测。这种多维度的分析能够更全面地捕捉政府采购的变化规律，为预测提供更为精确的基础。

当前的全国政府采购统计数据主要聚焦于整体规模的汇总，但缺少对未来发展趋势的深入分析，这使得预测工作显得更具挑战性，同时也更具价值。尽管预测本身存在不确定性，但这并未削弱分析的意义。实际上，正是在复杂多变的数据背后，通过数据挖掘技术寻找出那些潜在的价值和模式，体现了数据分析的真正目的——在不确定性中发现指导行动的知识。

2. 数据集市设计

在本节内容中，我们旨在运用时序分析方法来预测未来年度的政府采购规模，以便为下一年度的政府采购预算提供支持，确保财政资金的高效利用。为了实现这一目标，我们构建了一个多维数据集，围绕政府采购合同的核心进行展开。在这个数据集中，我们将时间、预算单位、采购目录作为关键维度，同时引入申请资金、计划资金、合同资金作为关键度量指标。此外，我们还加入了计算成员 APchae（申请资金与计划资金的差额）和 ACchae（申请资金与合同资金的差额），以更细致地分析采购过程中的资金流动状况。

基于上述构建的多维数据集市结构，我们首先选择了时间与预算单位作为主维度，分别以申请金额、计划金额、合同金额、APchae 及 ACchae 作为度量值，形成一个简洁明了的二维数据分析结构图。通常情况下，采购单位在提交采购申请时所报的金额与后续获得批准的计划资金基本一致，而实际情况中，申请金额往往超过最终签订的合同金额。这种现象反映出计划资金可能不足或过剩的问题：不足可能导致采购成本增加和效率低下；过剩则可能导致资金闲置，影响资金的使用效率。

在进一步提升预测精度的过程中，我们扩展了数据集的维度，将其扩展至三维结构，即根据采购单位、年份和季度来划分，以采购总金额作为度量值。这一扩展有助于我们更细致地观察不同单位、不同时间跨度下的采购趋势，从而为决策者提供更加精准的决策依据。

综上所述，通过对政府采购合同数据的深度挖掘和多维度分析，不仅可以帮助管理部门有效预测未来的采购需求规模，还可以指导其优化预算分配，减少资源浪费，提高财政资金的整体使用效率，确保政府采购活动的顺利进行和可持续发展。

3. 数据挖掘模型设计

基于以上创建的采购趋势预测的多维数据集市，选择数据挖掘的时序算法，以采购完成时间为事例级别列，将时间设置为 Key Time，以采购计划金额、采购合同金额、实际金额为预测值，构建趋势预测数据挖掘结构及模型。

4. 价值分析及政策建议

时序算法不仅仅局限于预测政府采购一年的趋势，通过拓展预测模型，我们能够更为准确地预判未来五年乃至十年的采购走向，从而让管理部门对于政府采购的长期规划和战略实施具有更明确的认知和准备。

考虑到几乎所有的计划资金与申请资金差距接近于零的情况，这提示我们在审核过程中应特别注重对申请资金的把关。确保申请资金既不过多导致资源浪费，也不过少影响采购活动的正常开展，以此来最大化财政资金的使用效率。为此，审核人员应当对市场行情进行深入了解，以确保采购计划的科学性和可行性。

政府采购预算编制的准确性是关系到整个采购过程能否顺利进行的关键因素之一。ACchae 可以直接反映出预算编制的精细程度。因此，加强对这一环节的监督和调整，不仅能够优化采购流程，还能有效提升预算编制的质量和效率。

利用多维数据集浏览器进行数据分析，可以直观地展示出预算单位在申请、计划、执行过程中的资金流动情况。在此基础上，可以进一步深化分析，加入采购目录、资金性质、支付方式等维度，以更全面的角度揭示三者之间的关系和潜在问题。基于此，将 ACchae 作为预算单位绩效考核的重要指标，将有助于促进财务透明度的提升和资金管理的精细化。这样的多维度分析不仅能够辅助管理部门做出更为科学的决策，还能有效地促进政府采购体系的不断完善和发展。

（四）基于关联规则分析商业贿赂行为

1. 分析的原因

政府采购模式的转变，从单一的分散采购演进至结合分散采购与集中采购的模式，不仅强化了规模效应的实现，还有效地防范了腐败行为的发生。集中采购的方式避免了采购单位直接接触供应商，使得供应商能够与专门负责组织采购的代理机构进行沟通。然而，尽管采购项目由代理机构操作执行，但其本质仍然是由人来完成。英国经济学家亚当·斯密的"经济人"假设指出，人的行为动机源自经济利益的驱动，旨在追求个人利益的最大化。在政府采购的框架内，依据"经济人"理论，存在采购代理机构与供应商间存在商业贿赂现象的风险。

为了确保政府采购遵循公开、公平、公正的原则，杜绝此类不正当行为的发生，监管机构需采取一系列措施，包括建立完善的监管体系、实施严格的采购程序审查、提高透明度以及定期审计等手段。这些措施旨在提前识别潜在的腐败风险，及时干预并予以制止，以维护政府采购市场的健康运作和公平竞争环境。通过这样的努力，可以有效遏制商业贿赂行为，合理利用公共资源，并增强公众对政府采购制度的信心。

2. 数据集市设计

本节希望通过关联规则算法，分析供应商与采购代理机构或预算单位之间是否存在关联关系，以采取有力措施反腐倡廉、杜绝商业贿赂行为，使政府采购公开、公平、公正地进行。

3. 价值体现及政策建议

政府采购过程中，同一项目为何会出现不同单位采购价格的差异，乃至出现所谓的"豪华采购"，这一现象涉及多个层面的原因。这可能并非单纯由采购货物的规格型号不同所导致，还可能与采购代理机构的操作规范性、采购单位的选择偏好，以及可能存在的商业贿赂等因素密切相关。

对于采购单位需求较高的项目规格型号及特殊用途，确实需要从源头上加以规范和控制。管理部门应当要求采购单位在申请阶段提供详细的说明和论证，明确项目需求背后的具体原因、技术必要性以及预算的合理性，从而确保采购资源的有效利用，防止盲目追求高规格、高配置而造成不必要的浪费。

集中采购模式下，采购代理机构直接与供应商对接，增加了对采购过程透明度的要求。如若发现执行问题，应加强对招标、开标、评标环节的监督，确保流程公平、公正，严防暗箱操作和不正当利益输送。

此外，采购单位指定特定品牌或供应商的行为，虽然表面上是市场选择的结果，但在实际操作中，可能会涉及内部关系、利益交换等不透明因素。因此，采购代理机构在处理这类情况时，应严格审查，评估指定原因是否合理、必要，是否符合公开竞争的原则。对于采购单位而言，应当明确需求，避免基于非技术理由的偏好导致的过度定制化采购，以保证采购的性价比和效率。

第二节 政府采购信息化安全保障体系建设

一、信息安全概述

随着科技的迅速发展和商业运作方式的演变，利用信息技术来提升政府采购效率已成为不可逆转的趋势。通过信息化手段，我们可以加速业务流程的运转，并实现不受地域限制的实时响应，从而极大地优化了传统的作业方式。信息技术的引入使得政府采购过程中的相关业务信息能够得以迅速处理与分享，无论是采购官员还是任何在互联网覆盖范围内的人员，都能随时接入系统，即时处理事务，极大地提高了工作效率。

然而，信息化的推进同时也带来了新的挑战，特别是安全性方面的顾虑。在政府采购过程中，涉及的数据涵盖了业务信息、投标方信息、评审专家数据等敏感内容，这些信息一旦发生泄露，可能会引发无法估量的损失。更严重的是，若通信或存储的信息被恶意篡改、破坏或丢失，或者因安全漏洞导致系统服务中断，不仅会造成经济上的重大损失，还会严重影响政府公信力和社会稳定。

因此，在推动政府采购信息化的同时，必须高度重视并妥善解决信息安全保障问题。这不仅需要建立健全的安全管理体系，采取技术防护措施，确保数据的安全存储和传输，还需要对参与人员进行严格的身份认证和访问权限管理，防范内部或外部的恶意攻击。同时，定期开展安全审计和培训，提升相关人员的信息安全意识，也是不可或缺的组成部分。只有这样，才能确保政府采购信息化进程既高效便捷，又安全可靠。

二、安全保障体系建设原则

在构建政府采购信息化技术方案时，遵循的原则需兼顾整体性、标准化、适度安全性、经济合理性和一致性，同时确保系统具备可扩展性与全面规划、逐步实施的特点。整体性原则强调安全措施需覆盖系统的所有方面，从行政法律手段到专业技术措施，形成协同防御体系。标准化原则强调符合国家标准原则要求，严格遵守国家法律法规，确保安全建设的合规性。适度安全性原则主张在制定安全策略时，既要重视对关键资源的重点保护，也要考虑安全机制的实用性和可操作性，避免过度复杂化。经济合理性原则则聚焦于安全建设的经济成本效益分析，力求在保证安全的前提下，通过优化资源配置获得最佳性价比。一致性原则确保系统设计和安全架构的一致性，旨在支持高效、可靠的业务运行。系统可扩展性原则关注未来技术发展趋势与业务需求变化，确保安全系统能适应不断变化的环境，具备良好的升级兼容性。最后，全面规划、逐步实施原则要求在广泛考虑所有因素的基础上，采用分阶段、分步骤的方式推进信息化安全建设，有效应对网络规模增长带来的安全挑战。综上所述，遵循这些原

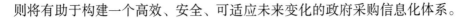

则将有助于构建一个高效、安全、可适应未来变化的政府采购信息化体系。

三、安全保障体系建设目标

政府采购信息化安全保障体系建设旨在实现全方位、多层次的信息保护与应急响应，其目标主要包括：

1. 防患于未然

建立完善的防护机制，有效抵御计算机病毒和恶意代码的侵袭，确保系统不受潜在威胁的损害。

2. 智能监控与警报

部署实时监测系统，能够准确识别、预警入侵行为，提供详细的入侵活动记录，以便于事后分析和预防同类事件的再次发生。

3. 快速响应与责任追溯

一旦发生安全事件，系统能够迅速启动应急响应流程，快速定位问题根源，追踪并明确安全责任归属，确保责任可追溯，维护系统稳定运行。

4. 灾难恢复能力

具备高可用性设计，确保在遭受攻击或硬件故障导致系统损害的情况下，能够迅速恢复关键服务，最大限度减少业务中断的影响。

5. 集中化管理与权限控制

实现对系统资源、用户访问、安全策略等核心要素的集中管理和严格控制，确保数据安全和操作合规，防止非授权访问和敏感信息泄露。

通过达成以上目标，政府采购信息化安全保障体系将形成一套完整、高效、响应迅速的安全防护网，为政府业务的正常开展提供坚实的技术支撑和安全保障。

四、安全保障措施

（一）物理安全

政府采购系统的服务器部署在计算机机房内，因此，机房的物理安全成为整个系统安全的关键环节。为了确保机房的安全，必须遵循国家对于计算机机房的建设标准，制定统一的计算机机房建设规范，并采取一系列措施加强对机房的安全管理。具体来说，这包括以下几个方面：

遵循国家标准：在机房的选址、环境安全、布线施工等方面严格遵循国家标准，以确保物理环境的安全性。

设备定位与保护：关键应用系统的服务器主机和前置机服务器、主要网络设备应置于机房内适合的位置，并通过物理访问控制机制加以保护，防止未经授权的访问。

人员出入管理：建立严格的人员出入访问控制机制，限制非授权人员进入机房和其他重要安全区域，并确保该机制具备审计功能，以利于事后的追溯与审查。

专业管理团队：指定专门的部门和人员负责机房的建设和管理工作，实行 24 小时值班制度，确保机房运营的持续性与响应的及时性。

发布管理制度：制定统一的计算机机房管理制度，对设备管理、介质管理、人员出入控制等方面进行全面而细致的规定，以规范机房的日常运营。

定期检查与改进：管理机构应定期对机房的各项安全措施和管理制度的有效性进行检查，对发现的问题及时采取改进措施，持续优化机房的安全管理。

综合安全防护：实施有效的防火、防盗、防水、防潮、防雷、防静电等措施，同时，关注机房的温度、湿度控制和不间断电力供应，确保物理环境始终处于最佳状态。

通过上述措施，可以构建一个全面、高效的机房物理安全防护体系，为政府采购系统的稳定运行提供坚实的基础。

（二）基础架构安全

1. 网络及边界安全

（1）网络架构安全

安全域划分和安全边界定义。

结构冗余性。

服务器和终端桌面的安全接入。

（2）网络/安全设备的配置/维护

定义正确适用的安全策略/访问策略。

定期扫描，发现网络和安全设备中的安全漏洞，及时升级和为系统打补丁。安全报警及时处理。

2. 主机系统安全

（1）网络层安全防护

主机系统抵御网络攻击的技术主要包括主机防火墙、主机入侵防护、缓冲区溢出保护以及主机防病毒，这四个组件各司其职，共同构建了主机安全的防护网。

主机防火墙作为第一道防线，能够有效限制未授权的外部连接尝试。

主机入侵防御系统（HIPS）：HIPS 具有深入的数据包检查能力，它不仅能检测并报告针对主机的攻击行为，还能主动阻断那些成功绕过了防火墙的恶意活动。通过实时监控和动态调整规则，HIPS 能够提供更为精细的防御策略，确保系统的稳定运行。

缓冲区溢出保护：面对利用缓冲区漏洞发起的攻击，缓冲区溢出保护技术发挥了关键作用。它通过实时监控和阻止任何试图超出合法内存界限的行为，即使攻击行为利用了未知漏洞，也能通过检测主机缓冲区的实际大小和合法长度来防止攻击，构成了防御的最后一道屏障。

主机防病毒系统：通过结合基于病毒库的检测技术和基于行为的检测技术，主机防病毒系统能够有效识别和防御已知的病毒威胁。不仅能够检测和清除病毒，还能对可疑行为进行分析，预测潜在威胁，保护主机系统免受病毒侵害。

综上所述，这四种技术相辅相成，共同构筑了主机系统的安全防线，从不同维度预防、检测和应对网络攻击，确保系统稳定、高效地运行。

（2）应用层安全防护

应用程序安全防护是保护主机免受基于应用层面攻击的关键措施，主要通过一系列技术手段来实现这一目标。其中，应用程序控制技术尤为突出，它在攻击发生初期便能为系统提供防护。

应用程序控制通过制定策略和设置静态规则，有效地缩小了攻击者可能利用的漏洞范围，从而减少了主机面临的直接威胁。这种策略化管理不仅限于对特定软件的访问控制，更涵盖了对运行状态、更新频率、执行权限等多方面的细致考量，确保只有经过严格审核和必要授权的软件才能运行，进一步提高了系统的安全性。

此外，应用程序控制还具备了一定程度的主动防御能力。通过主动限制主机上运行的联网应用程序，可以显著降低恶意软件的潜在风险。这项功能不仅仅依赖于被动响应，而是在发现潜在威胁时，采取措施立即阻止或隔离这些应用程序，确保系统的整体稳定性与安全不受影响。

（3）内容安全防护

内容安全在主机系统中扮演着核心角色，主要关注对重要文件、数据以及各类信息的保护。作为主机安全防护体系的重中之重，内容被视为关键资产，其安全防护工作的首要目标旨在全面防范重要文件遭受任何形式的破坏、篡改、非法访问及不正当使用，并确保数据免受损失与损害。

为了达成这一目标，内容安全防护采取了一系列先进的措施和技术手段。实时审计和监控机制对于识别和追踪可能的异常行为至关重要，能及时发现并阻止潜在的风险。同时，结合终端数据加密技术，将敏感信息转化为无法直接读取的形式，增强了数据的安全性。此外，数据防泄露技术的应用，则进一步强化了对机密信息的保护，防止敏感数据在未经授权的情况下流出系统。

（三）身份和访问安全

身份和访问安全是一个复杂但至关重要的领域，它涵盖了身份验证、访问管理以及身份生命周期管理三个核心部分，旨在保护用户身份的机密性、完整性和可用性。通过实施有效的身份和访问安全策略，组织能够有效阻止非授权用户访问系统、应用程序和数据，确保仅授权用户能够接触敏感信息，从而提升整体数据安全性和降低管理成本。

为了实现这一目标，在物理和逻辑环境中进行身份和访问管理时，需贯穿整个身份生命周期管理过程，从用户身份的注册、验证、配置、重新验证直至取消配置，确保所有步骤都得到妥善处理。同时，还需实施访问控制、隐私保护、角色管理、单点登录（SSO）和访问权限审计，以确保系统安全和合规性。

具体来说，身份和访问安全管理的目标包括：

1. 构建标准化流程

制定并实施统一的身份验证、访问管理及身份生命周期管理规范和流程，以促进有序的身份和权限管理。

2. 统一身份信息管理

建立单一且一致的身份信息源，确保每位用户在所有应用系统内均拥有唯一标识符，以实现跨系统的身份一致性。

3. 统一授权机制

集中管理所有应用系统的账号与权限，确保存在统一的工作流程、受理标准，以及一致的权限分配与调整。

4. 合理授权原则

确保每个用户的权限配置与其岗位职责相匹配，实现精细化授权，避免权限滥用或不足的情况。

5. 审计与跟踪

提供统一的接口，允许对用户权限进行查询和审计，记录权限变更历史，增强系统的透明度和可追溯性。

6. 建设统一平台

构建集成化的身份和访问管理平台，不仅提升安全标准，也简化运维流程，降低运营成本，提高整体工作效率。

通过上述措施的实施，组织可以显著提升其在物理和逻辑环境下的身份与访问安全水平，保护敏感信息，优化内部流程，增强用户信任，并最终推动业务健康发展。

（四）数据安全

1. 数据载体安全管理

政府采购信息系统包含了丰富的数据资源，这类资源的存储载体多样，涵盖了硬盘、光盘、磁带等。这些载体上承载了大量的信息及各类机密数据，因此，载体安全成为关键环节，涉及对存储数据的安全保护和载体本身的防护措施。目的在于确保存放在载体上的数据的安全性，防止数据泄露、损坏或丢失，从而保障政府采购信息系统运作的稳定性和数据的完整性。同时，这还涉及对于数据备份、加密技术的应用，以及定期的数据审查和载体维护工作，以实现全面、高效的数据安全管理。

2. 数据密级标签管理

鉴于数据的机密性和重要性存在差异，合理的数据分类至关重要。通过将数据细致地划分为不同类别，并制定相应的保护策略，可以有效地提升整体数据安全水平。对于那些具有高度机密性和重要性的数据，应实施严格的安全保护措施，确保其在存储、传输和使用过程中的绝对安全。与此形成对比的是，对那些被认为相对不那么关键或重要的数据，则可相应降低保护措施的强度。这样的分级管理策略不仅能够优化资源分配，提高保护效率，还能根据数据的实际风险等级提供适当级别的安全保障，从而在保障核心数据安全的同时，也兼顾了其他数据的处理需求，实现数据保护的合理化和精细化。

3. 数据访问控制管理

为了确保系统的安全以及合法用户对数据的正确使用，必须实施一系列有效的自我保护措施。首先，我们需要严格限制能够访问系统的人员范围，确保只有经过授权的个体才能够接触系统资源。这一目标的达成可以通过设置身份验证机制来实现，即要求所有试图访问系统者提供能够证明其身份的凭证，比如密码、指纹或面部识别等生物特征信息。

其次，为了防止合法用户对系统数据进行非法操作，我们需要引入存取控制机制。这种机制能够依据预设的安全策略，对用户能够执行的操作进行细粒度的控制。例如，我们可以定义不同级别或角色的权限，使得同一用户在不同场景下能够执行的操作可能有所不同。此外，还可以实施基于数据敏感性的访问控制策略，即根据数据本身的敏感程度或价值，为不同用户或角色设定不同的访问权限，从而在保障系统正常运行的同时，最大限度地降低数据泄露或滥用的风险。

4. 数据备份管理

为了全面保障业务数据的安全性和系统的稳定运行，制订一套科学、高效的数据备份与灾难恢复机制至关重要。这主要包括以下几个关键环节：

硬件冗余技术：在关键的应用服务器上采用硬件冗余技术，如双电源供应、热插拔组件、磁盘阵列（RAID）等，以减少因硬件故障引发的服务中断风险，确保业务连续性。

统一备份机制：基于性能、管理成本等多方面考量，采用先进、可靠的系统和数据备份技术，在企业内部建立起统一的备份系统。这不仅可以预防数据逻辑损坏，还能提高数据恢复的效率和成功率。

异地备份：实施异地备份策略，确保数据能够在本地之外的地点进行备份存储。这样即使在本地发生灾难时，也能迅速从备份中恢复数据，增强系统的容灾能力。

灾难恢复计划：制定详细的灾难恢复方案，包括数据恢复、系统重建、业务恢复流程等，确保在灾难发生后，能快速有效地恢复正常运营。同时，定期对这些预案进行演练，检验其实际操作性与有效性。

权限管理和访问控制：设立专门的岗位负责用户权限的管理与监督，构建并维护有效的授权和访问控制系统。这有助于防范未授权访问，保护数据资产免受恶意操作。

日常备份管理：制定并遵循一套标准化的日常备份管理规程，包括明确的备份周期、合适的备份介质（如磁带、硬盘、云存储等）以及备份文件的保存与归档策略。

人员培训与应急演练：组织员工参与灾难恢复培训，了解应对不同类型的紧急情况所需采取的行动步骤。定期举行灾难恢复模拟演练，提升团队在面对真实灾难时的响应速度和协同能力。

通过上述措施的综合运用，企业可以显著提高数据安全性、系统稳定性和灾难应对能力，为企业的长期健康发展提供坚实保障。

（五）应用安全

数据作为企业核心资源，应用系统则是企业发挥数据价值的关键工具。为了有效利用数据，政府采购单位部署了大量应用系统，但同时也面临着系统设计不当、错误操作、人为破坏等潜在安全风险，因此，应用系统安全管理至关重要。

应用系统安全管理涵盖多个层面，包括运行系统、软件、关键技术与人员管理。此外，安全管理还可以细分为技术管理和行政管理两大部分。技术管理着重于设备与环境安全、软件应用管控、信息加密与关键技术创新；行政管理则侧重于组织架构、责任划分、系统维护、规章制度、人员培训与应急预案的制定。

系统安全措施旨在降低风险，减少操作失误，防止计算机犯罪，具体工作包括建立安全管理组织、制定规章制度、开展安全教育、进行定期或不定期的安全检查等。执行此类工作通常需要专门的安全防范组织与人员，如安全防范组织、信息系统安全委员会、安全小组，成员应包括领导层及信息技术、物理安全、信息系统管理、人力资源、审计等多个部门的专业人员。

信息安全是一个复杂且综合性强的管理领域，它融合了技术和管理两个层面。不能仅依赖技术投资解决所有安全问题，如认为投入最佳软硬件就能确保安全，这忽视了信息安全的全貌。信息安全工作是一个整体工程，涉及策略制定、组织建立、人员培训、物理环境与技术设备的全方位安全考量。每个环节的缺失都可能导致整体安全体系的崩溃，因此需要强调全面、均衡的重要性。无论是安全策略的规划、安全组织的建立、人员安全管理，还是物理与环境的安全、硬件与软件的保护以及运行操作管理，都不可或缺，共同构成了一个完整的信息系统安全保障体系。

第三节　政府采购信息化制度组织保障体系建设

一、政府采购信息化制度保障体系建设

（一）信息化管理制度制定的原则

信息化管理制度的制定遵循以下基本原则：

1. **量身定做原则**

制度应当根据单位的实际情况及特定管理挑战来定制，避免直接复制他人的模式，以防制度无法在本单位得到有效执行。

2. **全面科学原则**

制度需涵盖信息管理中的各个方面，并基于实际情况科学构建，确保考虑了问题之间的内在联系，能全面而有效地解决面临的问题。同时，制度的设计需遵循客观逻辑，具备实际操作性，适应动态变化并适时调整，以持续优化。

3. **责任目标明确原则**

每一项制度应进行清晰的目标与责任分配，确保各参与方了解其在制度框架下的任务与期望，增强执行的针对性与合理性。

4. **奖惩分明原则**

制度中应包含激励与惩罚机制，确保执行者意识到行为的后果，提高遵守规则的

自觉性与积极性。

信息化管理制度的内容主要包括以下几个方面：

目标：明确制度制定的目的与预期效果，为制度执行提供明确方向。

范围：界定制度的应用边界，确保其在特定领域的适用性与有效性。

职责：规定人员与部门的角色与责任，确保制度实施的有序性和协作性。

具体规定：详细阐述制度约束的具体内容与行为标准，使制度执行有据可依。

奖惩措施：明确对于维护制度与违反制度的行为的奖励与惩罚细节，以提升制度执行力与效果。

通过遵循上述原则，信息化管理制度能够为组织的信息管理活动提供有力支撑，促进效率提升与问题解决，保障组织信息化建设的顺利进行。

（二）信息化环境管理制度

信息化管理体系涵盖了多个关键领域，以确保信息技术的有效应用与安全运行。这些主要的管理制度包括但不限于：

1. 信息化培训管理制度

旨在通过定期的培训和教育，确保员工掌握所需的技能和知识，以有效利用信息技术资源。

2. 计算机网络管理制度

规范了网络的配置、使用和安全管理，确保网络资源的稳定性和安全性。

3. 计算机硬件设备管理制度

负责硬件设备的购置、安装、使用、维护和更新，以确保硬件设备的良好运作和使用寿命。

4. 计算机设备及计算机网络维护管理制度

强调对计算机设备和网络设施进行定期检查、维护和故障排除，以预防和减少技术问题。

5. 计算机设备及计算机网络安全管理制度

通过实施严格的安全策略和技术措施，保护信息系统的安全性，防范各类网络威胁。

6. 计算机机房管理制度

对机房环境、设备存放、访问控制等方面进行管理，以创造一个安全、稳定的硬件运行环境。

7. 计算机使用者管理办法

规定了用户如何正确、负责任地使用计算机系统，防止不当使用导致的损失或安全风险。

8. 计算机系统的用户名、密码及其他身份验证管理制度

通过设定严格的认证流程和安全策略，确保用户身份的真实性和系统访问的安全性。

9. 涉密计算机管理制度

针对存储或处理敏感信息的计算机设备，实施额外的安全控制措施，防止信息泄露。

10. 数据备份和数据存储管理制度

确保重要数据的定期备份和安全存储，以便在数据丢失或损坏时快速恢复。

11. 互联网使用管理制度

指导员工如何合法、道德地使用互联网资源，避免违法行为和不适当内容。

12. 企业内外部网站管理制度

管理企业网站的建立、维护、更新和对外发布内容等环节，确保信息的一致性和准确性。

13. 企业信息发布管理制度

规范企业信息发布的流程、权限和审核机制，以保证信息的合法性和专业性。

14. 计算机病毒应急处理管理制度

在发现计算机病毒或恶意软件时，提供及时有效的应对策略和恢复措施。

15. 计算机及网络硬件采购、维修、升级管理制度

确保硬件资产的高效管理和成本效益，支持技术的持续进步。

16. 计算机软件开发、采购、使用管理制度

指导软件项目的规划、实施、评估和维护，以提升应用质量和效率。

17. 信息化相关项目管理制度

覆盖了项目从启动到收尾的全过程，确保项目目标的实现、风险的控制和资源的合理分配。

通过这些管理制度的实施，企业能够建立起一套全面的信息化管理体系，不仅促进了业务流程的优化，也保障了信息资产的安全与合规，为企业信息化建设提供了坚实的支撑。

（三）信息化实施过程中的管理制度

在构建和运行信息系统的过程中，需要遵循一系列详细的管理与支持制度，以及国家的法律法规，以确保项目的顺利进行并保障系统的安全与合规。以下是针对信息化实施各阶段的重要管理与支持制度：

1. 计算机设备采购及计算机网络施工工程招标管理制度

为确保采购与施工的公正、公平、公开，此制度需明确招标流程、技术要求、评标标准和采购原则。

2. 软件开发、软件采购招标管理制度

此类制度旨在规范软件开发和采购的流程，包括需求分析、技术评审、合同签订与执行监督。

3. 信息化实施过程中的软/硬件选型、实施商的选择管理制度

该制度指导如何选择合适的软硬件解决方案和实施服务提供商，确保技术选型与

实施质量符合项目需求。

4. 信息化实施过程中的组织的产生程序、组织的架构、组织的职责管理制度

此制度规范组织结构的设定与分工，明确各级人员的责任与权限，保证项目管理的有效性。

5. 信息化实施过程中的项目管理制度

涵盖项目计划、进度管理、风险管理、变更控制等环节，确保项目按期、按质完成。

6. 信息化实施过程中的考核、培训、激励、奖惩管理制度

通过设定绩效考核指标、提供专业培训、实施激励政策和建立奖惩机制，激发团队积极性与创造性。

7. 信息化实施过程中的知识管理、文档管理制度

确保项目知识、经验与文档的有效收集、分类、存储与分享，促进知识传承与复用。

8. 信息化实施过程中的预算管理、合同管理制度

管理项目的财务预算与支出，签订明确、合规的合同，保障资金使用的合理与透明。

9. 信息化实施过程中阶段性成果的确认管理制度

定期审查与确认项目阶段性成果，确保工作进度与质量符合预期。

10. 信息化项目竣工验收管理制度

明确规定验收标准、流程和方法，确保项目达到预定目标。

11. 信息化项目完成后的项目后续支撑管理制度

制定项目维护、技术支持与升级迭代策略，保障系统长期稳定运行。

12. 信息化项目竣工后的项目后续评价管理制度

通过评估项目成果、效果与影响，总结经验教训，为未来项目提供参考。

同时，所有信息系统的运行都必须遵守国家的有关法律法规，特别是关于计算机系统安全的法律法规。近年来，国家与地方不断加强信息系统安全的法制建设，出台了包括《中华人民共和国计算机信息系统安全保护条例》《中华人民共和国计算机信息网络国际联网管理暂行规定》在内的多部法律法规，旨在保护计算机信息系统的安全与稳定运行。

这些管理制度与法律法规共同作用，构成了信息系统建设与运营的法律基础和管理框架，对于保障系统的有效运行、数据安全与合规操作至关重要。

二、政府采购信息化组织保障体系建设

（一）政府采购信息化组织保障体系

为了全面、系统地保障政府采购信息化需求，确实需要建立一套健全且高效的管理体系，这不仅涉及技术层面的提升，还包括了组织管理、协调合作等多方面的挑战。

为了实现这一目标，建议采取以下步骤：

1. 设立独立的信息管理部门

政府采购信息化的推进需要一个独立的信息管理部门作为核心驱动力。这一部门不仅要负责信息化系统的建设与维护，还需要能够整合企业内部的各种资源，协调跨部门的合作。设立这一部门可以避免依赖其他业务部门时可能存在的权责不清、协调困难等问题，确保信息化工作的高效推进。

2. 组建信息管理委员会

在信息管理部门之上设立一个信息管理委员会（如"信息化委员会"），由企业最高层领导和各部门负责人组成。这个委员会负责战略决策和监督工作，确保信息化工作的整体规划与企业目标相一致，同时也能在面对复杂问题时进行及时、有力的响应。

3. 构建专业化的信息团队

信息团队应由三类核心成员组成：

（1）信息业务人才

这部分人才擅长利用信息技术收集、整理、分析和提供各类信息，具备强大的信息意识、市场意识，以及数据处理和沟通表达能力。他们的工作是满足不同用户群体的信息需求，提供定制化服务。

（2）信息技术人才

包括信息系统设计、网络管理和维护等方面的专家，他们的职责在于构建和维护企业内部的信息基础设施，确保信息技术系统的高效运行，包括系统规划、设计、建设和日常维护。

（3）首席信息官（CIO）

CIO作为企业信息化战略的推动者，需要具备跨领域的综合能力，既熟悉信息技术的应用，也了解企业管理。他们负责统筹信息化战略方向，主导管理变革，协调资源分配，监督信息化项目执行，并确保组织内部的信息系统与业务流程相互融合，提高整体效率。

4. 强化组织协调与文化建设

除了技术层面的支持，还需加强跨部门的沟通协作，建立开放、共享的信息文化。鼓励信息业务人才和信息技术人才之间的交流，促进技术创新与实践的结合。同时，高层领导的支持与倡导对于推进信息化改革至关重要，需要通过持续教育和培训提升全员的信息素养，构建支持信息化发展的企业文化。

通过上述措施的综合实施，政府采购信息化的推进将更加有序、高效，有助于实现信息资源的有效利用，优化采购流程，提升决策效率，最终促进政府采购活动的整体效能提升。

（二）信息化组织设置原则

在构建信息化组织结构时，应遵循以下几个原则，以确保其高效、灵活性以及战略导向性：

首先，明确定位原则。组织需要清晰地认识自身的角色、权力和责任，这将指导其有效执行任务，并确保所有活动均围绕核心目标展开。

其次，层次原则。依据信息化部门的功能特性，通常可将其划分为三个层次：战略指导层、系统运作层和基础支持层。战略指导层负责制定策略和规范；系统运作层则专注于项目的实施与日常运营；基础支持层则提供所需的基础设施和资源支持。

再次，强调弹性原则。在快速变化的时代背景下，组织结构须具备一定的灵活性，能够适应内外环境的调整和需求变化，以保证持续的适应性和竞争力。

最后，采用混合原则。信息化组织结构应当在集中与分散之间寻求平衡，集中管理 IT 规划、控制和标准，同时将 IT 支持资源分散至各业务部门，以提供更直接、高效的服务。通过这种方式，不仅能在统一的策略框架下实现 IT 资源的最大化利用，还能增强 IT 组织对战略目标的支持力度，充分发挥其规模效应。

参考文献

［1］杜巍. 信息化背景下政府采购流程优化与效率提升研究［J］. 中文科技期刊数据库（全文版）社会科学，2023（11）：118－121.

［2］黄超. 基于政府采购电子化背景下的优化营商环境研究［J］. 商业经济，2023（5）：88－89.

［3］鲁晓峰. "放管服"背景下高校政府采购内控建设［J］. 中国政府采购，2023（9）：26－31.

［4］张旭. 基于数字智治背景下的高校采购全流程信息化管理探究［J］. 中国物流与采购，2023（14）：103－104.

［5］李宪章. 大数据背景下政府采购档案管理工作的重要性及措施［J］. 办公室业务，2023（11）：131－133.

［6］黄超. 深化改革背景下落实采购人主体责任的研究［J］. 行政事业资产与财务，2023（9）：108－110.

［7］呼瑞雪. 预算管理一体化背景下高校财务管理转型［J］. 财会学习，2023（33）：4－6.

［8］冯方. 大数据视域下地方政府采购管理优化策略［J］. 上海商业，2023（8）：129－131.

［9］徐恩庆，张琳琳，吴佳兴. 人工智能赋能政府采购转型升级［J］. 中国招标，2023（12）：15－17.

［10］卢一墨. 预算管理一体化背景下智慧校园综合财务平台建设研究［J］. 中国管理信息化，2023（13）：68－72.

［11］赵艳霞. 基于"互联网"背景下政府采购事业的发展研究［J］. 财经界，2023（21）：54－56.

［12］王照峰，王孟妍，连志东. 探究信息化背景下的采购供应链管理措施［J］. 环球市场，2023（5）：25－27.

［13］曹国强，王宏星. 预算一体化背景下做好政府采购工作的思考［J］. 中国政府采购，2023（11）：42－46.

［14］李腾. 浅析数字经济下的政府采购合同融资工作［J］. 中国政府采购，2022（7）：45－48.

［15］张美华，祝红霞，汪瑶，涂建辉. 优化"互联网＋"背景下政府采购营商环境的建议［J］. 中国财政，2022（13）：67－69.

［16］刘桂君. 政府采购制度存在的问题与对策分析［J］. 行政事业资产与财务，2022（5）：45－47.

［17］张鑫. 大数据背景下事业单位后勤管理信息化建设路径探讨［J］. 科技创新导报，2022（13）：129－131.

［18］郑子. 信息化视角下的招标代理企业管理工作探讨［J］. 中国民商，2022（9）：49－51.

［19］李楠. 大数据背景下政府采购风险防控方案研究［J］. 缔客世界，2020（2）：94.

［20］宋平. 物联网对政府采购的影响探讨［J］. 经济研究导刊，2020（18）：136－137.

［21］李召权，河北省邯郸市永年区审计局. 信息化背景下基层政府采购审计策略研究［J］. 新商务周刊，2019（23）：230.

［22］王海斌. 信息化背景下基层政府采购审计策略研究［J］. 中国集体经济，2019（28）：46－47.

［23］潘小凤. 互联网背景下政府采购的转变与发展［J］. 时代金融，2019（24）：101－102.

［24］张远方. 大数据背景下公共资源交易电子化发展及策略研究［J］. 中国信息化，2019（9）：61－63.

［25］彭佩怡. 信息化背景下企业采购管理的完善分析［J］. 大众投资指南，2019（7）：110.

［26］孙宁. 信息化背景下对企业采购管理工作的完善［J］. 环球市场信息导报，2018（25）：200.

［27］梁梓康，孙潇怡. "互联网＋"背景下农村地区政府信息化建设［J］. 农村实用技术，2018（8）：8－10.

［28］王鑫. 信息化背景下企业采购管理的完善探讨［J］. 区域治理，2018（6）：129.

［29］林颖. 信息化背景下的政府管理模式转型研究［J］. 今日财富，2018（1）：108.